2012年度教育部人文社会科学研究青年基金项目资助（项目批准号：12YJC630045）

管理学论丛

产品伤害危机对品牌资产的影响研究

RESEARCHES ON BRAND EQUITY IN PRODUCT HARM CRISES

方　正◎著

北京大学出版社
PEKING UNIVERSITY PRESS

图书在版编目（CIP）数据

产品伤害危机对品牌资产的影响研究/方正著．—北京：北京大学出版社，2012.4

（管理学论丛）

ISBN 978－7－301－20453－5

Ⅰ．①产… Ⅱ．①方… Ⅲ．①品牌—企业管理：质量管理—研究 Ⅳ．①F273.2

中国版本图书馆 CIP 数据核字（2012）第 060801 号

书　　　名：**产品伤害危机对品牌资产的影响研究**

著作责任者：方　正　著

责 任 编 辑：刘　京

标 准 书 号：ISBN 978－7－301－20453－5/F·3141

出 版 发 行：北京大学出版社

地　　　址：北京市海淀区成府路 205 号　100871

网　　　址：http：//www.pup.cn

电　　　话：邮购部 62752015　发行部 62750672　编辑部 62752926
出版部 62754962

电 子 邮 箱：em@pup.cn

印　刷　者：三河市北燕印装有限公司

经　销　者：新华书店

730 毫米×980 毫米　16 开本　12.75 印张　202 千字

2012 年 4 月第 1 版　2012 年 4 月第 1 次印刷

定　　　价：33.00 元

前　言

产品伤害危机（product harm crisis）是指偶尔出现并被广泛宣传的关于某个产品有缺陷或对消费者有危险的事件（Siomkos 和 Kurzbard，1994）。由于法规变得更严格、媒体变得更敏感，产品伤害危机的发生越来越频繁（Birch，1994）。基于持续经营的假设，产品伤害危机的发生、缺陷产品的召回，对于任何一家企业而言只是个时间问题，难以准确预测、提前预防（Berman，1999）。而一旦产品伤害危机发生，就会对销售业绩、市场份额、股票价格和品牌资产造成负面影响（Pruitt 和 Peterson，1985）。

品牌资产是沉淀企业信誉、累积企业资产的重要载体。它构建于消费者的信念和品牌知识之上，是一种重要但却脆弱的无形资产（Keller，1993）。创建品牌资产需要多年的努力，但毁掉它却只需经历一场产品伤害危机，三鹿奶粉、三株口服液都是典型的案例。但迄今为止，对如何有效应对产品伤害危机这一问题，企业间仍然存在不同的理解，例如：有的企业召回产品（三聚氰胺毒奶粉危机），有的企业向消费者致歉（丰田刹车踏板门危机）、有的企业沉默不语（强生止痛贴涉嫌致命危机）、有的企业否认产品缺陷（柯达 LS433 相机质量危机）。对于现实中差异如此大的应对策略，我们不禁思考：哪种应对策略能在更大程度上保护企业的品牌资产？

对于这一问题，过去的研究还不能提供确切答案。首先，就产品伤害危机的应对策略研究而言，已经有学者讨论了危机应对策略对购买意愿（Siomkos 和 Kurzbard，1994）、消费者考虑集和感知危险的影响（王晓玉、晁钢令和吴纪元，2006），但这些研究，一是对现实中的应对策略涵盖不够全面，二是没有将品牌资产作为研究的因变量。其次，就产品伤害危机对品牌资产的影响研究而言，有学者探讨了消费者期望对品牌资产的调节作用（Dawar 和 Pillutla，2000），有学者探讨了行为承诺对品牌资产的影响机制，却没有对比不同应对策略对品牌资产的差异性影响（吴旭明、方正和李蔚等，2008）。因此，如何应对产品伤害危机以有效保护品牌资产，仍然是需要探索的问题。

为解答上述问题，本研究从四个方面研究产品伤害危机对品牌资产的影响：第一是产品伤害危机中消费者个体差异对品牌资产的影响研究，第二是产品伤害危机应对策略对品牌资产的影响研究，第三是可辩解型产品伤害危机应对策略对品牌资产的影响研究，第四是不可辩解型产品伤害危机应对策略对品牌资产的影响研究。本研究的主要结论是：

消费者个体差异的影响。（1）在可辩解型产品伤害危机中，与轻度消费者相比，重度消费者会在更大程度上维持对品牌态度、感知质量、品牌合意性的认知，基于重度消费者的品牌资产受损程度也更小。（2）在可辩解型产品伤害危机中，消费者对品牌的期望越高，会在更大程度上维持对感知质量、购买意向、品牌合意性的认知，其品牌资产受损程度也越小。

可辩解型产品伤害危机中企业应对的影响。在可辩解型产品伤害危机中，最优的是辩解策略，它能在危机爆发后抑制负面信念的形成；最差的是和解策略，它会增强消费者认为企业对危机负有责任的不利品牌信念，进而对品牌资产造成损害。辩解策略能减少负面品牌信念，降低对品牌资产的不利影响；和解策略不能减低心理风险，因而会对品牌资产造成损害；缄默策略和攻击策略的效果居中。

可辩解型产品伤害危机中外界应对方式的影响。在可辩解型产品伤害危机中，有外界澄清的效果远远优于企业单独应对，而且还会负向调节企业应对策略对品牌资产的影响，淡化企业应对策略之间的差异，给企业更大的操作空间。

可辩解型产品伤害危机中的中介变量。在可辩解型产品伤害危机中，心理风险是各种自变量影响品牌资产的中介变量。

不可辩解型产品伤害危机中企业应对方式的影响。在不可辩解型产品伤害危机中，最优的应对策略是和解策略，它能传递出不再犯错的诚意，让消费者形成积极正面的品牌信念，辩解策略和缄默策略则没有显著区别。

不可辩解型产品伤害危机中的中介变量。在不可辩解型产品伤害危机中，不同的应对策略对感知公平的影响不同。具体来说：情感性应对和信息性应对正向影响感知交互公平，信息性应对正向影响感知过程公平和感知交互公平，纠正性应对正向影响感知分配公平。同时，在不可辩解型产品伤害危机中，感知交互公平和感知分配公平正向影响应对满意度，并且应对满意度正向影响品牌资产。

混合策略在两类产品伤害危机中的作用差异。在两类产品伤害危机中采用混合策略（先最差策略、后最优策略），对声誉好的企业而言，效果与最优应对策略接近；对声誉坏的企业而言，效果也优于最差应对策略。

从理论意义上来看，本研究成果不仅深化了产品伤害危机的研究，而且为解释现实中的一些现象提供了理论依据。第一，本研究发现了不同消费特征的顾客对产品伤害危机的反应不同，深化了以消费特征为基础的细分市场中的产品伤害危机研究；第二，本研究找出的两类产品伤害危机的最优应对策略，解决了产品伤害危机最优应对策略问题；第三，本研究揭示了产品伤害危机中企业声誉对消费者认知的影响，丰富了品牌资产和企业声誉的研究；第四，本研究发现了可辩解型产品伤害危机中，心理风险中介应对策略对品牌资产的影响；第五，本研究在不可辩解型产品伤害危机的情景下，发现了感知公平是应对策略发挥作用的心理机制。

从现实意义上来看，本研究成果能够帮助企业更好地了解可辩解型产品伤害危机中的品牌资产影响因素，从而有利于企业做出正确的应对策略。具体而言，本研究结论显示：（1）企业面临产品伤害危机时，必须先确定危机是可辩解型还是不可辩解型，危机类型会调节企业应对策略的作用；（2）如果面临的是可辩解型产品伤害危机，企业应选择“辩解策略”作为其应对策略，即企业要否认产品有害性的存在，如果面临的是不可辩解型产品伤害危机，企业应选择“和解策略”作为其应对策略，即企业要主动承担责任、弥补消费者的损失；（3）企业应对可辩解型产品伤害危机时，要精心设计应对策略以更有效地挽留消费量比较低或期望比较低的消费者，因为对于这两类消费者产品伤害危机对品牌资产的负面影响更大；（4）企业要特别注意对企业声誉的塑造，因为无论对于可辩解型还是不可辩解型产品伤害危机，企业声誉都会正向调节企业应对的效果；（5）企业设计应对策略时要考虑消费者的感知公平，感知分配公平和交互公平可以提升消费者对应对策略的满意度。

本研究受第46批中国博士后科学基金（编号：20090460139）、国家自然科学基金（编号：71172030）和教育部人文社会科学研究青年基金项目（编号：12YJC630045）资助。四川大学工商管理学院杨洋博士协助完成了全书每个部分的编撰，并独自承担第七章的写作，为本书出版作出了重要贡献。

目录

第一章　绪　　论

第一节　研究背景与问题

产品伤害危机（product harm crisis）是指偶尔出现并被广泛宣传的关于某个产品有缺陷或对消费者有危险的事件（Siomkos 和 Kurzbard，1994）。企业创建品牌资产需要多年努力，但毁掉它可能仅需经历一场产品伤害危机。但是，现实观察发现在产品伤害危机发生后，不同的企业采取了不同的应对策略；这说明，对哪种应对策略能有效保护品牌资产这一问题，企业之间没有共识。近年来企业危机事件频发，研究者们对危机事件对品牌资产的影响也越来越重视。企业对于危机的各种反应似乎对于消费者的信念是一种关键的决定因素，而正是由这种信念构成了品牌资产（Aaker，1991；Keller，1993）。

一、市场背景与问题

"5·12"汶川大地震发生后，由于传输中断、基站被毁、同时拨打电话的客户过多等原因，成都地区的各大运营商均出现严重的通信阻塞问题。由于亲人无法联系、安全情况无法沟通，客户的不满和抱怨情绪强烈，成都地区运营商面临着严峻的产品伤害危机事件。在成都地区的三大移动通信运营商中，成都移动的客户数量最多（超过 800 万），市场占有率最高（接近 80%），网络拥堵更严重。如果消费者认为危机产生的负面结果越严重，他们就会在更大程度上将责任归结于危机企业，进而对危机企业及其产品产生更大的感知危险。与成都电信和联通相比，成都移动面临更加严重的产品伤害危机（Laufer 和 Coombs，2006）。有的客户甚至抱怨"移动移不动，全球通全部不通，神州行我看不行"。在这种形势下，成都移动的市场份额似乎应该下降。然而，真实的市场表现却让人出乎意料：2008 年 5 月中旬以来的市场统计数据显示，成都移动在新增市场的占有率高达 87%，维持在原有水平。① 那么，产品伤害危机对成都移动公司的品牌资产有什么影响？是否也会像市场占有率一样有所提升？

产品伤害危机是指偶尔出现并被广泛宣传的关于某个产品是有缺陷或是对消费者有危险的事件（Siomkos 和 Kurzbard，1994）。依据“产品缺陷或伤害是否违反相关产品法规或安全标准”，可以将产品伤害危机分为可辩解型（defensible）和不可辩解型（indefensible）两类（Smith，2003；方正，2007），或无过失（non - commission situation）和有过失（commission situation）两类（Bradford 和 Garrett，1995）。典型的可辩解型产品伤害危机类似于“统一和农夫山泉砒霜门危机”、“高露洁涉嫌致癌危机”，典型的不可辩解型产品伤害危机类似于“三聚氰胺毒奶粉危机”、“丰田刹车踏板门危机”。由于法规变得更严格、媒体变得更敏感，产品伤害危机的发生越来越频繁（Birch，1994）。基于持续经营的假设，产品伤害危机的发生、缺陷产品的召回，对于任何一家企业而言只是个时间问题，难以准确预测、提前预防（Berman，1999）。而一旦产品伤害危机发生，就会对销售业绩、市场份额、股票价格和品牌资产造成负面影响（Pruitt 和 Peterson，1985）。

品牌资产是沉淀企业信誉、累积企业资产的重要载体。它构建于消费者的信念和品牌知识之上，是一种重要但却脆弱的无形资产（Keller，1993）。创建品牌资产需要多年的努力，但毁掉它却只需经历一场产品伤害危机，三鹿奶粉、三株口服液都是典型的案例。但迄今为止，对如何有效应对产品伤害危机这一问题，企业间仍然存在不同的理解，例如：有的企业召回产品（三聚氰胺毒奶粉危机），有的企业向消费者致歉（丰田刹车踏板门危机）、有的企业沉默不语（强生止痛贴涉嫌致命危机）、有的企业否认产品缺陷（柯达 LS433 相机质量危机）。对于现实中差异如此大的应对策略，我们不禁思考：哪种应对策略能在更大程度上保护企业的品牌资产？

① 来自于成都移动的内部数据。

二、理论背景与问题

近年来企业危机事件频发，研究者们对危机事件对品牌资产的影响也越来越重视。企业对于危机的各种反应似乎对于消费者的信念是一种关键的决定因素，而正是由这种信念构成了品牌资产（Aaker，1991；Keller，1993）。有学者采用“期望—证实框架”（expectations - evidence framework）去解释企业对于危机事件反应的后果影响（Dawar 和 Pillutla，2000）。他们通过实地调查和试验结果得出，消费者对企业反应的解释是基于他们先前的期望，期望与企业反应之间的相互关系会加速对品牌资产的影响。因此，有较多关注品牌的学者开始探讨产品伤害危机与品牌资产及其构成要素。

产品伤害事件对品牌资产有明显影响，出现产品危害事件时，不管公司采取何种反应措施，强预期条件下比较弱预期条件下造成的品牌资产损失要小（崔金欢和符国群，2002）。有学者发现：（1）在产品伤害危机之后采取模糊不清的应对方式时，具有高消费者期望的公司所遭受的品牌资产损失要低于具有低消费者期望的公司；（2）在产品伤害危机之后采取明确否认责任的应对方式时，具有高消费者期望的公司所遭受的品牌资产损失要低于具有低消费者期望的公司（Dawar 和 Pillutla，2000）。

以上研究成果研究了产品伤害危机对品牌资产的影响，但是还没有学者探讨产品伤害危机应对策略对品牌资产的影响。因此，本研究认为产品伤害危机与品牌资产的关系问题是研究机会点。本研究将主要讨论产品伤害危机的属性、顾客的特点以及产品伤害危机应对方式对品牌资产的影响。

第二节 研究内容与目标

在上一节，本研究发现了现实和理论上对于可辩型产品伤害危机对品牌资产影响的一些疑问。为了解释这些疑问，本研究进一步确定了研究内容与研究目标。

一、研究内容

对于品牌资产的形成，本研究参照 Keller（1993）提出的品牌资产定义“品牌资产是因顾客的品牌知识而引起的对该品牌营销活动不同的反应”，即品牌资产的产生是基于消费者头脑中对该品牌的知识。

本研究从四个方面研究产品伤害危机对品牌资产的影响。第一个方面是可辩解型产品伤害危机中个体差异对品牌资产的影响，第二个方面是产品伤害危机应对策略对品牌资产的影响研究，第三个方面是可辩解型产品伤害危机应对策略对品牌资产的影响研究，第四个方面是不可辩解型产品伤害危机应对策略对品牌资产的影响研究。

就第一个方面而言，本研究分析了可辩解型产品伤害危机中两类消费者特征对品牌资产的影响。第一个方面主要从消费者使用量和消费者注意角度探讨消费者特征对品牌资产的影响。就消费者使用量而言，在市场营销领域，通常是以重度消费者（heavy user）和轻度消费者（light user）来区分衡量购买行为的高低程度。一般而言，由于重度消费者购买量大，行为程度高，在可辩解型产品伤害危机发生后，为了减少自身的焦虑情绪和不协调感，重度消费者会在更大程度上维持对产品品牌的认知，维持自己的品牌知识构成。本研究分析了可辩型产品伤害危机中消费者的使用量对品牌资产五个维度——品牌态度、品牌信任、感知质量、购买意向和品牌合意性的影响，以及对总体品牌资产的影响。就消费者选择性注意而言，在心理学领域，“选择性注意”的大量相关研究都证实了：无论事实是否与期望一致，期望都会与事实相互作用，影响人对事实的注意的判断。由于先前的期望不同，人会选择性注意和解释客观信息，因而导致对客观现象的解释存在很大差异（Oliver Russell 和 Richard，1987）。基于“选择性注意”的研究成果，我们可以推测：当“消费者对于品牌的期望”较高时，在可辩解性产品伤害危机发生后，为了减少自身的不协调感，消费者更倾向于选择性地注意信息，在更大程度上维持对产品品牌的认知，维持自己的品牌知识构成。

就第二个方面而言，本研究探讨产品伤害危机的最优应对策略。有多位学者对危机（是指广义的危机，包含但不局限于产品伤害危机）的应对策略分类展开了研究。有学者以“平息—恶化”（mitigation - aggravation）标准来分类应对策略，平息策略表达对受害者的关心并承认企业有过失，而恶化策略主要是保护企业形象并否认企业存在过失（Mclaughun，Cody 和 O'Hair *et al.*，1983）。有学者以“和解—辩解”（accommodative - defensive）标准对应对策略进行了分类，和解策略意味着承担责任、采取修复行动，而辩解策略否认存在问题、拒绝承担责任（Marcus 和 Goodman，1991）。借鉴“和解—辩解”分类标准，有学者又以“否认—纠正”（denial - corrective）为标准，对应对策略进行了划分（Siomkos 和 Shrivastava，1993）。通过对比可以发现，这三种分类标准没有实质区别，说明现实中的应对策略可以被统一到一个分类尺度上。以此为基础，有学者将现实中的七种应对策略全面与以上标准进行对接，形成了完整的应对策略分类图（Coombs，1998）。与以上分类标准不同的是，有学者以“否认—道歉”标准，将应对策略分为否认（denial）、缄默（reticence）、道歉（apology）三类；增加考虑了缄默策略，即对危机没有反应或者声称“无可奉告”、“暂时无法评论”的情形（Griffin，Babin 和 Attaway，1991）。在企业的最优应对策略上，存在着冲突的观点，有的认为和解策略更好，有的认为辩解策略更好。有学者通过实证研究发现和解策略（主动召回、积极承担责任）能有效挽回消费者的购买意愿（Siomkos 和 Kurzbard，1994）。如果企业不知名或消费者以女性为主时，宜采用和解策略处理，比如：采用积极承担责任的应对方式——诚实发布产品缺陷信息，积极表达对消费者的利益关注，充分表现出高度的社会责任感（Laufer 和 Coombs，2006）。如果企业在危机中采取和解策略（主动召回产品、表现出社会责任感），那么在几个月以后，消费者通常会逐渐淡忘危机、提升产品评价、重新购买产品（Vassilikopoulou，Siomkos 和 Chatzipanagiotou *et al.*，2009）。有学者通过实验证实有企业应对、专家应对、企业和专家双重应对消费者考虑集呈正面影响（王晓玉、晁钢令和吴纪元，2006）。有学者证实：（1）外界应对优于企业应对，（2）外界应对策略中最优的是专家应对或政府应对，（3）企业应对策略中最优的是积极澄清（方正，2007）。王晓玉、晁钢令和吴纪元（2006）研究中所指的应对和方正（2007）研究中所指的积极澄清是一致的，也就是说两者都认为辩解澄清是最优的策略。

就第三个方面而言，本研究具体到可辩解型产品伤害危机的情景下，研究其最优应对方式和企业声誉与心理风险的作用。在可辩解型产品伤害危机中，企业的应对策略可能会影响一系列因素，如：感知质量、购买意愿、品牌态度……能在最大限度上涵盖这些因素的变量是品牌资产。因此，以品牌资产来评判应对策略的好坏差异具有较好的代表性。品牌资产是沉淀企业信誉、累积企业无形资产的重要载体。它构建于消费者的信念和品牌知识之上，是一种重要但却脆弱的无形资产（Keller，1993）。创建品牌资产需要多年的努力，但毁掉它却只需经历一场可辩解型产品伤害危机，巨能钙、三株口服液就是典型的案例。但迄今为止，对如何有效应对产品伤害危机这一问题，企业间仍然存在不同的理解，例如：从企业自身来看，巨能钙在“巨能钙含致癌双氧水危机”中选择了向消费者致歉，但是强生公司在“强生止痛贴涉嫌致命事件”中采取了置之不理的方式……；从外界澄清来看，高露洁等公司邀请外界专家协助澄清，而三株等企业却选择了独自应对。对于现实中差异如此大的应对策略，我们不禁思考：哪种应对策略能在更大程度上保护企业的品牌资产？对于这一问题，现有的研究还不能提供确切答案。一是部分研究没有对产品伤害危机进行分类（Cleeren，Dekimpe 和 Helsen，2008；Dawar，1998；Laufer，2002；Siomkos 和 Kurzbard，1994）；二是对可辩解型产品伤害危机的企业应对策略，学者们主要探讨了其对公司形象（Bradford 和 Garrett，1995）、消费者考虑集（王晓玉，晁钢令和吴纪元，2006）和购买意愿（方正，2007）等变量的影响；三是对可辩解型产品伤害危机中的品牌资产，先前的研究仅探讨了消费者个体差异对品牌资产造成的感知差异（吴旭明，2008），且没有考虑调节变量和中介变量。因此，仍然需要对上述问题进一步展开探索。

就第四个方面而言，本研究具体到不可辩解型产品伤害危机的情景下，探讨其应对策略对品牌资产的影响及其影响机制。应对策略是学界和企业关注的重要课题。成功的应对策略具有四种好处：一是加强企业与顾客的关系（Blodgett Donna 和 Jeffrey，1997；Smith，Bolton 和 Wagner，1999）；二是消除负面影响（Hoffman，Kelley 和 Rotalsky，1995；Kelley，Douglas Hoffman 和 Davis，1993）；三是维持或提升购买意愿（Peterson 和 Wilson，1992）；四是减少顾客流失（Schneider 和 Bowen，1999）。相反，不合理应对策略比产品或服务失败本身更容易导致顾客流失（Hoffman，Kelley 和 Rotalsky，1995；Kelley，

Douglas Hoffman 和 Davis，1993）。另外，公平理论可以应用到任何投入—产出的交换过程中（Oliver 和 Swan，1989）。就不可辩解型产品伤害危机而言，可以把顾客损失看做一种投入，把企业的应对策略看做顾客获得的一种产出。这个投入—产出的交换过程中体现的公平性同样会影响顾客的态度和认知。学者们发现公平评价会影响顾客满意度和重购意愿（Blodgett Donna 和 Jeffrey，1997；Oliver 和 Swan，1989），而且顾客对不公平的反应比公平更为强烈（Schneider 和 Bowen，1999）。因此，本研究从感知公平理论的视角，探索应对策略发挥作用过程中的心理机制。

二、研究目标

本研究的研究目标主要有以下几个方面：

首先，在理论上，回答四个问题：

第一，就保护品牌资产而言，可辩解型产品伤害危机中，个体差异和企业应对方式对品牌资产有何影响？

第二，就保护品牌资产而言，产品伤害危机有没有最优应对策略？如果有，是什么策略？

第三，就保护品牌资产而言，可辩解型产品伤害危机中，应对策略对品牌资产的影响机制是怎样的？

第四，就保护品牌资产而言，不可辩解型产品伤害危机中，应对策略对品牌资产的影响过程中有怎样的心理机制？

其次，在实践上，把研究的结果和结论转化为现实中产品伤害危机管理的建议，为企业解决产品伤害危机提供借鉴。为了进一步完成验证研究成果的有效性，本研究通过案例研究分析了研究成果在企业应对真实产品伤害危机时的效果。同时，这也可以帮助企业正确运用本研究的成果。

第三节 研究思路与方法

为了解释笔者发现的现实和理论上存在的问题，实现研究的目标，本研究确定了如下的研究思路，并选择了相应的研究方法。

一、　研究思路

本研究所遵循的总体研究思路就是解释和解决营销实践中出现的问题，具体来讲分为四个步骤：

首先，观察现实中的产品伤害危机对品牌的影响，发现有哪些让营销主管和学术界迷惑的问题，初步把这些问题拟定为研究方向。

其次，基于这些问题检索相关文献，了解这些问题是否解决，还存在哪些问题。

再次，结合研究方向和已有的产品伤害危机的相关研究成果，从中找到值得研究而尚未研究的“机会点”，确定本研究的研究内容和目标。

最后，基于研究内容和目标，展开研究，包括：建立概念模型、形成研究假设、选择研究方法、设计研究变量、设计调查问卷、展开调研工作、进行数据分析、得出研究结果和分析研究结论等九个环节。

对于本研究研究思路的图解，可见图 1.1。

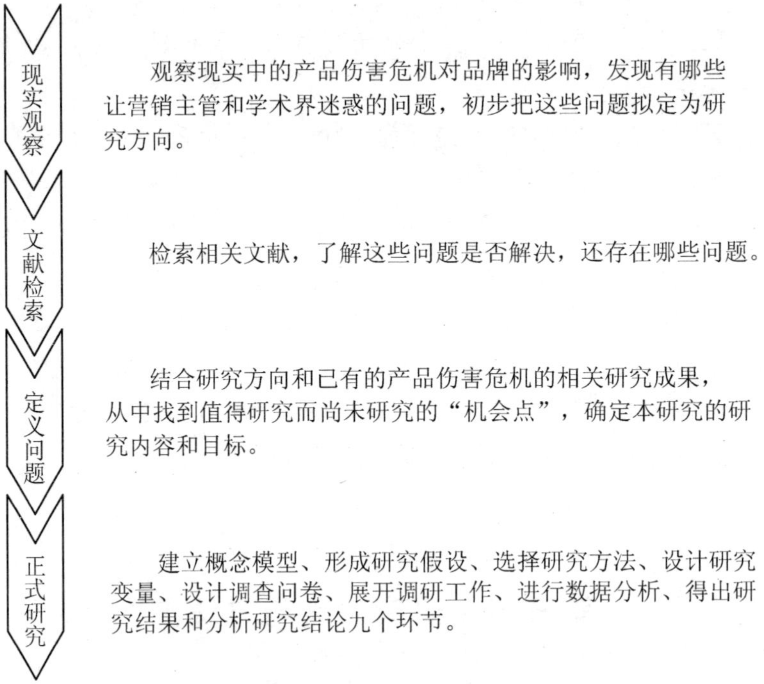

图 1.1　研究思路

二、研究方法

研究营销问题的时候，需要遵循一个框架和计划，以便详细描述获取解决问题所需信息的必要程序，这就是研究设计。本研究参照产品伤害危机领域其他学者所使用的研究方法，并通过对本研究的研究内容和研究目标的分析，最终选择“实验法”作为本研究的主要研究方法。理由如下：

首先，研究因果关系的主要方法是实验法。对于营销问题的研究，大体上可以分为探索性研究和结论性研究两大类；其中，结论性研究又分为描述性研究和因果研究两种。三种研究的一些具体区别如表 1.1 所示。实验法可以在相对可控的环境中对自变量进行控制和操纵，然后观察自变量的控制和操纵对一个或一个以上因变量影响的测量结果，并以此作为判断因果关系的依据，所以实验法是研究因果关系的主要方法。本研究的目的在于找出可辩解型产品伤害危机中消费者特征和企业应对方式与品牌资产间的因果关系。所以，本研究在研究产品伤害危机及其应对策略对品牌资产的影响时，必须要采用因果研究（causal research），通过正式的因果研究来获取原因与结果关系的证据（Hulland，Chow 和 Lam，1996）。

表 1.1　研究设计的分类

项目	探索性研究	结论性研究	
		描述性研究	因果研究
目标	发现新的想法和观点	描述市场的特征和功能	确定因果关系
特征	灵活多变，通常是整个研究设计的起始	预先计划好的结构化设计	控制一个或多个自变量；控制其他变量
方法	专家调查；预调查；二手数据分析；定性研究……	二手数据；调查法；观察数据和其他数据……	实验法

其次，实验法中的因子设计能处理不同级别的两个或两个以上的自变量的影响。按照实验方法划分，实验设计可以分为四种：预实验设计、真实验设计、准实验设计和统计设计。预实验设计（pre－experimental design）是不利用随机化步骤来控制外部因素的方法；真实验设计（true－experimental design）是研究人员随机地将测试单位和处理分派给各个实验组的方法；准

实验设计（quasi－experimental design）是研究人员无法实现对测试单位进程安排的完全操纵或者处理的完全分配，而采用部分真实验措施的方法；统计设计（statistical design）是指一系列允许对外生变量进行统计控制和分析的基础实验。根据上述四种实验设计的定义和差别，本研究在实证研究采用“统计设计”，因为统计设计具有三大优点：一是可以测量一个以上变量的影响；二是特定外生变量可以在统计上，受到控制；三是当每个测试单位被测量一次以上时，可以采用经济的设计。统计设计又分为随机区组设计（randomized block design），拉丁方设计（latin square design）和因子设计（factorial design）。随机区组设计只能处理一个操纵自变量；拉丁方设计只能处理两个独立的操纵自变量；因子设计能处理不同级别的两个或两个以上的自变量。由于本研究需要处理不同级别的自变量的影响，因此选择因子设计（见图1.2）。

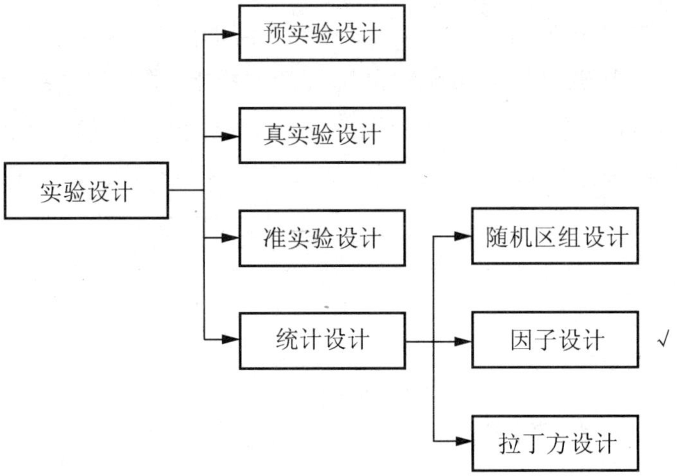

图1.2　实验设计的分类

再次，实验法中的现场试验法可以模拟现实状态从而获得较高的外部效度。按照实验环境划分，实验法可以分为实验室实验（laboratory experiment）和现场实验（field experiment）。实验室实验要求研究人员构造出一个具备实验期望的一个人工环境，但是现场实验就没有这样一种限制。实验室实验和现场实验各有其优缺点，具体如表1.2所示：

表 1.2 实验室实验和现场实验的对比

因素	实验室实验	现场实验
环境	人造的	现实的
控制	高	低
反应误差	高	低
迎合假象	高	低
内部效度	高	低
外部效度	低	高
时间	短	长
测试单位数目	小	大
执行容易程度	高	低
成本	低	高

表 1.2 显示，两种实验各有其优点和缺点，没有一种实验方法完全优于另一种实验方法，所以选择两种实验法都是可行的。为了提高实验的内部效度和外部效度，在本研究的实验设计中将综合运用实验室实验和现场实验两种方法。

最后，实验法是产品伤害危机领域常用的研究方法。Siomkos 和 Kurzbard（1994），Klein 和 Dawar（2004），王晓玉、吴纪元和晁钢令（2006）等学者对产品伤害危机进行的实证研究都采用了这种方法。本研究在实证研究时，在很大程度上借鉴了先前研究者的方法，在刺激物设计、实验设计和实验执行等多个方面都参考这些学者的实施步骤。

第四节 研究意义与创新

本研究的研究内容来源于对现实现象的疑惑和先前的理论空白，所以本研究的研究意义和创新主要就在于解释现象和指导实践。

一、研究意义

从理论意义上来看，本研究的研究成果不仅深化了产品伤害危机的研究，而且为解释现实中的一些现象提供了理论依据。第一，本研究发现了不同消费特征的顾客对产品伤害危机的反应不同，深化了以消费特征为基础的细分市场中的产品伤害危机研究；第二，本研究找出的两类产品伤害危机的最优应对策略，解决了产品伤害危机最优应对策略问题；第三，本研究揭示了产品伤害危机中企业声誉对消费者认知的影响，丰富了品牌资产和企业声誉的研究；第四，本研究发现了可辩解型产品伤害危机中，心理风险中介应对策略对品牌资产的影响；第五，本研究在不可辩解型产品伤害危机的情景下，发现了感知公平是应对策略发挥作用的心理机制。

从现实意义上来看，本研究的研究成果能够帮助企业更好地了解可辩解型产品伤害危机中的品牌资产影响因素，从而有利于企业做出正确的应对策略。具体而言，根据本研究的研究结论显示：（1）企业面临产品伤害危机时，必须先确定危机是可辩解型还是不可辩解型，危机类型会调节企业应对策略的作用；（2）如果面临的是可辩解型产品伤害危机，企业应选择“辩解策略”作为其应对策略，即企业要否认产品有害性的存在，如果面临的是不可辩解型产品伤害危机，企业应选择“和解策略”作为其应对策略，即企业要主动承担责任、弥补消费者的损失；（3）企业应对可辩解型产品伤害危机时，要精心设计应对策略以更有效地挽留消费量比较低或期望比较低的消费者，因为对于这两类消费者而言产品伤害危机对品牌资产的负面影响更大；（4）企业要特别注意对企业声誉的塑造，因为无论对于可辩解型还是不可辩解型产品伤害危机，企业声誉都会正向调节企业应对的效果；（5）企业设计应对策略时要考虑消费者的感知公平，感知分配公平和交互公平可以提升消费者对应对策略的满意度。

二、研究创新

通过研究产品伤害危机及其应对策略对品牌资产的影响，本研究获得了以下创新点。

首先，本研究构建了可辩解型产品伤害危机对品牌资产影响的概念模型。通过心理学、社会心理学和市场营销等领域的文献研究和对现实案例的观察，本研究找到了在可辩解型产品伤害危机中可能会影响品牌资产的两大类自变量——个体差异和应对方式。

其次，本研究证实了在可辩解型产品伤害危机中，顾客某些个体差异会影响品牌资产。就消费者购买量而言，在可辩解型产品伤害危机中，消费者购买量差异会影响品牌资产，具体来讲，与轻度消费者相比，重度消费者会在更大程度上维持对品牌态度、感知质量、品牌合意性的认知，基于重度消费者的品牌资产受损程度也更小。就消费者对品牌的期望而言，在可辩解型产品伤害危机中，消费者对品牌的期望会影响品牌资产，具体来讲，消费者对品牌的期望越高，会在更大程度上维持对感知质量、购买意向、品牌合意性的认知，其品牌资产受损程度也越小。

再次，本研究发现了产品伤害危机的最优应对策略。一是从产品伤害危机的应对策略来看，跨危机类型对比了应对策略的优劣，发现了产品伤害危机类型与企业声誉的调节作用，证明了两类危机的最优应对策略存在非常大的差异。二是从品牌资产来看，在不同危机类型和不同企业声誉条件下，探讨了应对策略对品牌资产的影响关系，有助于深入理解品牌资产在产品伤害危机中的变动机制。三是解释了危机管理中关于最优应对策略的观点差异。在危机管理（包含但不局限于产品伤害危机）中，有的学者认为和解策略更优（Ihlen，2002），有的研究却发现辩解策略更优（Ware 和 Linkugel，1973）；本研究将危机类型进行分类研究，发现危机类型对最优策略具有调节作用，解释了两种观点的矛盾。

最后，本研究深入分析了可辩解型产品伤害危机的应对策略。具体而言，从应对策略来看，通过两两对比的方式，验证了可辩解型产品伤害危机的最优应对策略；从品牌资产来看，在可辩解型产品伤害危机中，探讨了企业声誉、外界澄清、企业应对策略、心理风险等变量对品牌资产的影响机制；从调节变量来看，发现了外界澄清的负向调节作用和企业声誉的正向调节作用，这将有助于解释为什么经历类似的危机、采取类似的企业应对策略，但各个企业遭受的损失却不一样？从中介变量来看，在可辩解型产品伤害危机中，证实了心理风险对品牌资产的强烈中介作用。

同时，本研究针对不可辩解型产品伤害危机的应对方式及其心理机制做进一步研究。有如下三点创新：一是从应对策略来看，本研究从公平理论和心理账户理论的视角解释了应对策略的内在心理机制，发现不同的应对策略对感知公平不同维度的影响不同；二是从品牌资产来看，本研究探讨了不可辩解型产品伤害危机中应对策略对品牌资产的影响机制；三是从中介变量来看，本研究发现应对满意度在感知交互公平和品牌资产之间具有部分中介作用，在感知分配公平和品牌资产之间具有完全中介作用。

第二章　文献综述

第一节　产品伤害危机的概念与分类

一、产品伤害危机的概念

产品伤害危机事件是指偶尔出现并被广泛宣传的关于某产品是有缺陷的或是对消费者有危险的事件（Siomkos 和 Kurzbard，1994）。Dawar 和 Pillutla（2000）认为产品伤害危机是有关产品缺陷或危险的被广泛传播的事件。虽然两个定义对产品伤害危机的表述不同，但是都强调了产品伤害危机因产品缺陷或危害而起、因广泛传播而扩大。除此之外，“偶尔出现”也是产品伤害危机的一个特点（Siomkos 和 Kurzbard，1994）。Siomkos 和 Kurzbard 的观点得到了广泛认同。

由于研究的背景、领域和角度的不同，部分研究者把产品伤害危机的相关研究纳入到其他领域，如产品责任（Kaikati，1978）、产品召回（Mowen，1980）、商业谣言（Koenig，1985）、负面曝光事件（王晓玉和晁钢令，2009）。

1. 产品责任。产品责任一词起源于民法和合同法的相关研究，后来由于产品责任问题涉及市场和消费者，20 世纪 70 年代以后，产品责任也逐渐成为营销领域的研究问题（Friedson，1987；John，1977；Smith，2003）。产品责任是指制造商、批发商和零售商对其生产和销售的产品给消费者所造成的伤害和损失而应该负担的责任（Kaikati，1978）。所以，产品伤害危机是营销领域的研究问题，产品责任则同属于法律领域和营销领域（O'Connell，1977），两者既有共同点也有不同之处。

2. 产品召回。产品召回也是与产品伤害危机相关的概念。产品召回就是企业对已出售的，但是出现了或可能出现质量、技术问题的产品实行公开或者隐蔽的回收措施，以便对这些问题产品进行相应的处理，避免酿成重大的市场事故的一种营销应对策略。在现实的产品召回中，产品召回的决策者既有政府也有企业。根据产品召回的决策者不同，产品召回通常分为主动召回（voluntary product recall）和强制召回（involuntary product recall）两种。需要召回的产品通常有四种产品缺陷：（1）会对消费者造成事实伤害；（2）含有容易被消费者接触到的有害物质；（3）存在因消费者使用不当而导致严重伤害甚至死亡的危险因素；（4）违反了某些产品安全标准和法规（Chu，Lin 和 Prather，2005）。以上辨析可以看出，产品伤害危机是产品召回的充分非必要条件。也就是说，产品召回一定是产品伤害危机造成的，但是产品召回只是产品伤害危机的可能结果之一。

3. 商业谣言。商业谣言同样能够通过广泛传播对企业造成负面影响，是另外一个容易与产品伤害危机混淆的概念。商业谣言是指有关产品、品牌、公司、商店和其他商业形象的广为传播但无从查证的说法（Koenig，1985），并将商业谣言分为阴谋型和玷污型两大类。阴谋型谣言（conspiracy rumor）涉及对消费者有害或者在意识层面令人无法接受的公司政策和做法。玷污型谣言（contamination rumor）传播对某个产品或者商店对顾客不利的消息。通过比较，我们发现商业谣言和产品伤害危机有两大区别：（1）商业谣言来源不明，而产品伤害危机的起因通常很明确；（2）商业谣言涉及的面更广，不仅仅局限在产品领域。

4. 负面曝光事件。负面曝光事件是一个总称，它是指在企业营销过程中发生的关于产品、服务、企业整体或员工个人的具有极大破坏性且传播面非常广的事件（Menon，Jewel 和 Rao Unnava，1999）。在关于这个主题的已有研究中，学者们对企业营销中的负面曝光事件的称谓有多种，比如有的学者直接称其为负面曝光事件，也有的学者称其为产品危机、品牌丑闻、企业灾难、企业灾祸、负面品牌曝光事件等（王晓玉和晁钢令，2009）。由此看出负面曝光事件的外延较广。负面曝光事件有两个重要特征：一是事件通过媒体等形式传播，传播面非常广；二是事件会产生很大的负面影响。通过比较，我们发现：（1）产品伤害危机是负面曝光事件的一种，都被广泛传播并对企业造成危害；

（2）与商业谣言不同，产品伤害危机和负面曝光事件都由企业自身的问题引起；（3）负面曝光事件不只是产品问题，还可能涉及服务、企业整体或员工个人等问题。

二、产品伤害危机的分类

国外学者对产品伤害危机一直没有统一标准进行严格区分。参考“能否在媒体或法庭上澄清和证明产品是无害的、没有缺陷的”将产品责任分为两类（Smith，2003）：可辩解型（defensible）和不可辩解型（indefensible）。有学者通过对国内2005年至2006年发生的26次产品伤害危机的深度观察，将产品伤害危机也分为两大类：可辩解型产品伤害危机和不可辩解型产品伤害危机。两类产品伤害危机的分类依据是：产品缺陷或伤害是否违反相关产品法规或安全标准（方正，2007）。

可辩解型和不可辩解型产品伤害危机在是否违反法律法规上有原则性不同，因此存在如下两个方面的差异：（1）不可辩解型产品伤害危机违反了某项产品法规或者安全标准，公司无法通过辩解和澄清回避“产品有害”或者“产品有缺陷”的事实，因此公司实际上无法通过辩解而消除顾客对产品缺陷和伤害的感知危险；（2）尽管可辩解型产品伤害危机没有触犯法律法规，但是可能由于法律法规自身的漏洞，可辩解型产品伤害危机仍然可能对消费者产生实际的伤害。因此，这类产品伤害危机可能导致新法规和安全标准的出台，进而使得以前可辩解型产品伤害危机变成不可辩解型产品伤害危机；而不可辩解型产品伤害危机不存在这种情况。

目前，根据“产品缺陷或伤害是否违反相关产品法规或安全标准”的分类方法得到学者的公认，因此本研究采用方正（2007）对产品伤害危机的分类，将产品伤害危机分为可辩解型和不可辩解型两大类。

第二节 产品伤害危机的应对方式

从持续经营的角度看，对于任何一家企业而言，产品伤害危机的发生、缺陷产品的召回只是时间问题（Berman，1999），不可能完全预测、提前预防。产品伤害危机一旦发生，轻则会对销售业绩、市场份额、品牌资产、股票价格、企业其他产品的销售产生负面影响（Pruitt 和 Peterson，1985），重则会导致一个企业的破产（如三鹿奶粉），再重则株连相关企业、毁坏地理品牌（如金华火腿）。尽管危机存在着潜在的破坏性效果，但是许多企业似乎都没有为应对危机做好准备，大多数企业在应对危机的时候最多就只能采取一种模棱两可的态度（Maheswaran 和 Meyers - Levy，1990）。因此，产品伤害危机发生后，企业必须采取补救措施，改变消费者的感知和态度，并设法把这种感知和态度维持在危机前水平（Jolly 和 Mowen，1985）。企业采取的危机应对方式成功的关键在于能否取得消费者的信任（刘接忠，2009）。

为了解决这一问题，学者们提出了不同的应对策略，并通过实验和案例分析等方法验证了效果。产品伤害危机存在差别，应对方式也有所不同，因此产品伤害危机的应对可以分为不可辩解型产品伤害危机应对方式和可辩解型产品伤害危机应对方式。

一、不可辩解型产品伤害危机的应对方式

在不可辩解型产品伤害危机中，产品缺陷或伤害的确违反了相关产品法规或安全标准，行业协会、专家团体不会帮助企业澄清产品的无害性，政府机构甚至还会以执法者的角色出现。因此，在不可辩解型产品伤害危机中不存在“外界应对”的问题，学者们也就只研究了各种“企业应对”方式的优劣。

对于不可辩解型产品伤害危机的企业应对，先前的研究有两种看法。

第一种是四类公司应对方式的划分：（1）坚决否认，即处在危机之中的公司否认对缺陷产品承担任何责任；（2）强制召回，即处在危机之中的公司根据政府的要求召回产品；（3）主动召回，即处在危机之中的公司在政府发出要求以前就召回产品；（4）积极承担责任，即处在危机之中的公司通过宣称承担责任、在危机中提供真实信息来表现对消费者利益的关心（Siomkos 和 Kurzbard，1994）。通过实证研究发现坚决否认、强制召回是较差的应对方式，主动召回、积极承担责任是较好的应对方式。在研究危机公关时，有学者也指出企业应该主动承担责任，并向消费者及受影响的消费者道歉，采取产品收回

或退换的策略措施进行补救（Hearit，1997）。

第二种是公司应对是从“明确否认责任”到“明确承担责任”之间的连续函数的划分（Dawar 和 Pillutla，2000）。两位学者认为大多数企业采用的应对方式在两者之间，并证实明确承担责任是最优的应对方式。

此外，最近有学者指出时间也可能成为减少产品伤害危机负面影响的因素。如果企业在危机中主动召回产品、表现出社会责任感，那么在几个月以后，消费者通常会逐渐淡忘危机、提升产品评价、重新购买产品（Vassilikopoulou，Siomkos 和 Chatzipanagiotou *et al.*，2009）。需要指出的是，他们非常强调时间的正向作用的前提，即企业在危机中主动召回产品、表现出社会责任感。仅仅寄希望于时间让消费者淡忘危机无异于“置之不理”。在可辩解型产品伤害危机的应对中，“置之不理”策略是无效的。我们可以推断在不可辩解型产品伤害危机中，“置之不理”不会有什么好的效果，很可能造成更大的损失（方正，2007）。

不同的应对方式应与不同的情景相对应。如果企业不知名、有负面声誉且消费者以女性为主时，宜采用积极承担责任的应对方式，诚实发布产品缺陷信息，积极表达对消费者的利益关注，充分表现出高度的社会责任感；如果企业知名、有正面声誉且消费者以男性为主时，采用自愿召回的应对方式即可（Laufer 和 Coombs，2006）。

二、可辩解型产品伤害危机的应对方式

在可辩解型产品伤害危机中，产品虽然存在缺陷，但没有违反相关产品法规或安全标准（如饮料中含有极少量的苯），行业协会、专家团体、政府机构等都可能帮助企业辩解。因此，可辩解型比不可辩解型产品伤害危机研究中多了一大类应对方式，即外界应对。

对于外界应对的内容和组成学者们也给出了自己的看法。参与危机应对的外部力量至少有三种：专家及研究机构、政府及监管部门、行业团体与组织（方正，2007）。专家应对指有专家或研究机构参与了可辩解型产品伤害危机的应对，帮助企业澄清产品的安全性和无缺陷性；政府应对是指有政府部门或监管机构参与了可辩解型产品伤害危机的应对，帮助企业澄清产品的安全性和

无缺陷性；行业应对指有行业团体或协会参与了可辩解型产品伤害危机的应对，帮助企业澄清产品的安全性和无缺陷性。并证实外界应对优于企业应对，外界应对方式中最优的是专家应对或政府应对，这三种力量既可能是企业邀请而介入危机应对的，也可能是自发介入的，方正在研究中没有讨论外界力量介入危机应对的动机和原因（方正，2007）。

外界应对可以单独应对，但更多的是跟企业应对方式组成多种应对组合。在研究可辩解型产品伤害危机对消费者考虑集的影响时，有学者将产品伤害危机的应对方式分为五种（王晓玉、晁钢令和吴纪元，2006）：没有产品伤害危机、有事件无应对、事件出现加企业应对、事件出现加专家应对、事件出现加企业和专家双重应对；并通过实验证实有企业应对、专家应对、企业和专家双重应对消费者考虑集呈正面影响。

由于没有违反相关法律法规，可辩解型产品伤害危机的企业应对和最优应对方式有所差异。在研究可辩解型产品伤害危机对消费者感知、购买意愿的影响时，有学者将企业应对细分为“纠正措施、积极澄清、置之不理和对抗反驳”四大类（方正，2007）。具体内容如下：

（1）纠正措施包括致歉、赔偿、退货、换货等方式，这些行为方式的共同特征是企业承认存在过失并试图纠正。

（2）积极澄清指公司通过召开新闻发布会、发布公开信等方式，向媒体和大众提供真实的产品安全性证据和信息，澄清产品是符合相关标准的和安全的。

（3）置之不理（即企业无应对，no response），这种应对方式包括不主动提供信息、拒绝接受采访、不参加消费者听证会等行为。

（4）对抗反驳指企业侧重于采取攻击指控者（attack the accuser）和简单否认（simple denial）的应对方式，不向媒体和公众提供详细的产品安全信息和背景资料，或者提供极少的产品安全信息。最大特点是不向媒体和公众提供详细的产品安全信息。

在以上可辩解型产品伤害危机的企业应对方式中，最优应对方式是积极澄清（方正，2007）。

第三节 产品伤害危机的责任归因

从责任归因的角度研究产品伤害危机是这一领域的重要分支。人们总会对发生的事件进行归因，尤其是对那些突发的负面事件，即便事件的真实原因可能比较模糊，人们还是会对谁应负责做出判断（Weiner，1985）。在产品伤害危机领域，情景、企业声誉和消费者人口特征都会影响消费者的归因结果，而归因的结果能够影响消费者对危机的认知、对责任的判别和对危险的感知，进而会影响他们的购买行为，因此诸多研究者从情景、企业声誉和消费者人口特征等三个角度对产品伤害危机展开了深入研究。

一、责任不明情景下的责任归因

在责任不明的情景下，消费者会对产品伤害危机的责任方产生倾向性感知。这种感知的产生受到企业和消费者特征影响，可能是合理的也可能是不合理的。因此，企业要了解消费者的归因过程，避免消费者的误解和不利判断。

从企业角度来看，在责任不明的情况下，企业积极的应对方式和社会责任感能够有效减少消费者对企业的责任归因。就应对方式而言，如果企业采取积极的应对方式，同时媒体给予积极的响应，就能减少消费者对企业的责任归因（Siomkos，1999）；就企业社会责任感而言，企业的社会责任感也能减少消费者对企业的责任归因（Klein 和 Dawar，2004），使危害最小化，促进消费者的正面归因，有利于解决突出的社会和环境问题（Henderson，2007）。因为，企业的社会责任感水平越高，消费者的感知风险越小（Vassilikopoulou，Siomkos，Chatzipanagiotou 和 Pantouvakis，2009）。

从消费者角度来看，感知事件的严重性已经被证实是影响责任归因的一个因素。防卫归因假设认为事件产生的结果越严重，事件的观察者越会将责任归因于潜在的责任体（Laufer 和 Coombs，2006）。因此对于责任不明情景下的产品伤害危机，消费者对危机的感知严重性越高，将责任归结到企业的可能性越大（Laufer，Silvera 和 Meyer，2005）。

二、企业声誉对责任归因的影响

声誉是企业重要的潜在竞争优势来源之一（Hall，1993）。企业声誉是避免消费者产生不利归因的缓冲因素。产品伤害危机发生后，如果企业具有良好的声誉，消费者对该企业销售的其他产品（非缺陷产品）的购买意愿不会受到影响（Siomkos 和 Kurzbard，1994）。因为具有良好信誉而深得消费者信赖的企业，消费者在接触对企业不利的信息尤其是那些模棱两可的信息或证据时，有可能朝着有利于企业的方向做出解释（崔金欢和符国群，2002）。以上两个研究可以归结为良好的企业声誉使消费者减少了对企业的责任归因。有研究进一步证明企业声誉和责任归因有密切联系，较高的品牌知名度（即声誉较好，笔者注）会降低消费者对企业的责任归因（Laczniak，Decarlo 和 Ramaswami，2001）。

三、人口特征对责任归因的影响

消费者特征的不同是影响消费者对产品伤害危机归因的重要因素。前期的研究从年龄、性别、文化背景和对产地的熟悉度等四类人口统计特征探讨了不同细分市场的归因特征。

从年龄来看，由于生活阅历丰富，老年人对责任不明的产品伤害危机的态度更加开放；与年轻人相比，他们会减少对企业的责任归因（Hart，Evans 和 Wissler *et al.*，1997）。从性别来看，女性认为自己相对脆弱更容易受类似危机的威胁，因此她们对企业的责任归因更多（Laufer 和 Gillespie，2004）。从文化背景来看，相对于处于集体主义社会中的消费者，处于个人主义社会中的消费者更可能把产品伤害危机的责任归咎于企业（Laufer，2002）；在消费者不确定性规避高的国家（如比利时、法国、西班牙等），消费者对产品伤害危机的反应更激烈，更容易将责任归咎于企业（Laufer 和 Coombs，2006）。从消费者对产地的熟悉程度来看，当消费者不熟悉危机品牌时并且产品具有负面原产国形象，消费者会将责任更多归咎于原产国；若消费者熟悉该品牌，原产国形象则不会影响消费者的责任归因；在同等情况下，消费者对著名品牌的责任归因要少于不知名品牌（Laufer，Gillespie 和 Silvera，2009）。

第四节 产品伤害危机的负面影响

一、产品伤害危机对心理变量的影响

在产品伤害危机发生过程中，市场通常会接收到有关公司和产品的各种负面信息。产品伤害危机能使消费者心理变量产生变化，进而影响消费者行为。在研究中，已经发现产品伤害危机会影响五类心理变量：消费者感知风险、考虑集、购买意愿、消费者抱怨和顾客忠诚。

（一）产品伤害危机对感知风险的影响

产品伤害危机事件及其处理过程能够影响消费者对危机企业和危机产品的态度，并且这种影响受到企业声誉、外部反应和企业对危机事件响应等因素的调节作用（Siomkos 和 Malliaris，1992）。除此之外，企业的社会责任感也是影响消费者感知风险的重要因素。

从企业声誉看，品牌声望能对感知危险起到缓冲作用，企业的品牌声望越高，消费者对产品缺陷的感知危险越小；如果企业的应对方式受到媒体的积极评价，消费者对产品缺陷的感知危险就会降低（Siomkos 和 Kurzbard，1994）。

从应对方式看，企业自身响应、外部主体响应对消费者态度、购买意愿等都会产生不同程度的影响（Kabak 和 Siomkos，1990）。在应对可辩解型产品伤害危机时，外界应对（如专家、政府和行业协会）比企业自身应对更能缓解消费者的感知危险，如果不能争取到外界协助，企业采取“积极澄清”的应对方式最能缓解消费者的感知危险（方正，2007）；在应对不可辩解型产品伤害危机时，外界力量不会协助企业应对危机，主动召回产品、积极承担责任能有效减低消费者感知危险，否认产品缺陷、被政府强制召回则不能减少消费者感知危险（Siomkos 和 Kurzbard，1994）。

从企业的社会责任感看，企业的社会责任感水平也能够调节消费者的感知风险。企业的社会责任感水平越高，消费者的感知风险越小（Vassilikopoulou，Siomkos，Chatzipanagiotou 和 Pantouvakis，2009）。公司为承担社会责任而召回产品时，消费者对公司应对方式的反应更积极（Jolly 和 Mowen，1985）。由此可以推断，不但企业旧有的社会责任感能降低消费者的感知风险，企业在应对产品伤害危机时表现出的社会责任感也有同样的效果。

除了企业声誉、应对方式和企业的社会责任感外，从消费者角度研究产品伤害危机对感知风险的影响也得到了学者的关注。

从消费者角度来看，消费者的品牌忠诚、感知损失、产品使用特征、年龄结构也会影响感知危险水平。消费者品牌忠诚越高，感知损失越少；感知损失越少，感知危险越小（曾旺明和李蔚，2008）。如果对同类产品的使用量越多，消费者的感知危险越小（Cleeren，Dekimpe 和 Helsen，2008）。老年消费者（60 岁及以上）对于产品伤害危机的感知危险明显高于中年消费者（45 ~ 59 岁）和青年消费者（44 岁及以下）（方正，2006）。

（二）产品伤害危机对考虑集的影响

购买产品的感知危险会对一个品牌进入消费者考虑集产生影响（Erdem，Swait 和 Iacobucci，2004）。在此基础上，有学者认为不同的产品伤害危机应对情况下，消费者的感知风险不同（王晓玉、晁钢令和吴纪元，2006）。因此，研究者基于中国消费者，利用现场实验法，对产品伤害危机及其应对方式对消费者考虑集的影响做了实证研究。研究结果表明：（1）产品伤害危机及其处理过程会对事件产品进入消费者考虑集产生负面影响；（2）与没有危机事件相比，有事件无响应会对事件产品进入消费者考虑集产生负面影响；（3）与危机事件出现而没有各方响应相比，企业响应、专家响应以及他们的双重响应会对事件产品进入消费者考虑集产生正面影响；（4）与没有危机事件相比，有事件无响应会对事件产品在消费者考虑集中的偏好顺序产生负面影响。

（三）产品伤害危机对购买意愿的影响

不同年龄、品牌忠诚度、使用量的消费者，面对同样的产品伤害危机其购买意愿的变化不尽相同。

从年龄方面看，顾客年龄差异可能会影响顾客的购买意愿；而且老年顾客的购买意愿受损程度显著强于青年顾客和中年顾客（方正、李蔚和李珊，2007）。从品牌忠诚度看，产品伤害危机后，危机前的品牌忠诚度和熟悉度对产品伤害危机有重要的缓冲作用，但是该作用随时间而减弱（Cleeren，

Dekimpe 和 Helsen，2008），而且品牌忠诚度能够减缓购买意愿的下降（吴峰，2008）。从消费者使用量看，重度使用者比轻度使用者会更早购买受影响品牌，除非在危机中他们的使用量急剧减少（Cleeren，Dekimpe 和 Helsen，2008）。

（四）产品伤害危机对消费者抱怨的影响

从年龄和性别两个角度研究产品伤害危机对消费者抱怨的影响。对于不同年龄的消费者，通过对市场营销、老年人医学和心理学三个领域的文献研究，有学者指出了年龄因素可能会对产品伤害危机的抱怨归因产生影响（Laufer，Silvera 和 Meyer，2005；Laufer 和 Coombs，2006）。他们发现年龄因素不仅可能对顾客抱怨归因的前置变量产生影响，也可能对顾客抱怨的范围和程度产生影响。而且，年龄对顾客抱怨归因的影响可能会受到顾客做出判断时的环境的影响。对于不同性别的消费者，在两个独立的实验中同时发现，在当产品伤害危机尚不清楚是由于公司、消费者和情境因素哪一方而造成的情况下，女性消费者对公司的抱怨要比男性消费者多一些（Laufer 和 Gillespie，2004）。

（五）产品伤害危机对顾客忠诚的影响

从消费者的忠诚度看，产品伤害危机对消费者的行为忠诚和品牌忠诚都有影响。从购买行为忠诚度看，通过合理的应对措施，复杂性购买行为的消费者是可以挽回的；减少失调性购买行为的消费者是一类很难在心理上“挽回”的消费者；对于具有习惯性购买行为的消费者，危机如果得到妥善处理，其行为上可能回到了之前的水平，但是心理上的阴影却很难消除，对危机得到妥善处理的积极影响不“敏感”（李国峰、邹鹏和陈涛，2008）。从品牌忠诚度看，感知损失与品牌信任度呈负相关关系，产品伤害事件形成的感知损失越大，消费者越不信任该品牌（曾旺明和李蔚，2008）。两位学者进一步研究发现，消费者对产品伤害事件可能导致的损失感知程度与消费者对该品牌的感知风险呈明显的正相关关系，感知损失越大，感知风险越大（曾旺明和李蔚，2008）。

二、产品伤害危机对品牌资产的影响

品牌资产是一种既有价值又比较脆弱的资产，不断出现的品牌伤害危机和公司仓促的应对，会极大地损伤品牌资产（Dawar 和 Pillutla，2000）。产品伤害事件对品牌资产有明显影响，出现产品伤害事件时，不管公司采取何种反应措施，强预期条件下比较弱预期条件下造成的品牌资产损失要小（崔金欢和符国群，2002）。进一步说，产品召回产生的大部分损失更多的是由于像消费者的品牌感知这类无形价值受到伤害，而不是仅仅由于召回产品带来的损失（Pruitt 和 Peterson，1985；Davidson Iii 和 Worrell，1992）。此外企业在危机响应中的努力也会影响消费者的品牌信念和品牌态度等基于顾客的品牌资产（Dawar，1998）。

产品伤害危机与品牌资产之间存在调节变量。消费者期望、消费者使用量能够调节产品伤害危机对品牌资产的影响。

从消费者期望看，有学者通过以软饮料和手提电脑为刺激物的实验室实验法获得数据，研究了企业对产品伤害危机事件的各种响应对品牌资产的影响，发现无论企业采用明确承担责任、模糊不清还是明确否认责任，在危机发生后具有高消费者期望比具有低消费者期望的公司受到的品牌资产损失要小（Dawar 和 Pillutla，2000）。消费者前期对品牌的期望越高，会在更大程度上维持对感知质量、购买意向、品牌合意性的认知，其品牌资产受损程度也越小（吴旭明、方正和李蔚等，2008）。

从消费者使用量看，以 5·12 汶川大地震后的通信阻塞为背景事件，有研究发现与轻度消费者相比，重度消费者会在更大程度上维持对品牌态度、感知质量、品牌合意性的认知，基于重度消费者的品牌资产受损程度也更小（吴旭明、方正、李蔚和杨晓宇，2008）。

第五节　品牌与品牌资产的概念

一、品牌以及品牌的概念

品牌的英文单词是“brand"，其源于古代斯堪的纳维亚语“brandr”，其表面的意思是“发光”，它的原始含义是指在牲畜身上烙上标记，以起到识别和证明的作用。品牌真正兴起于美国，从 20 世纪 30 年代开始，品牌开始被应用到学术界、营销界和传播界。1950 年美国的传播学者大卫·奥格威首先明确界定品牌概念后，品牌开始在全球成为热点问题之一。从那时起，国内外对于品牌的内涵并没有形成统一的认识，各种定义层出不穷。

有学者认为品牌就是要在顾客的脑海中建立一种定位（Al 和 Trout，1982）；有学者认为，品牌是一种用于同竞争者相区别的工具（Mcwilliam 和 De Chernatony，1989）；有学者认为品牌使得一个产品与无品牌的同种产品相区别，并通过消费者对于产品特征、功能的感知而增值（Achenbaum，1993）。有学者认为品牌从本质上说，是销售者向购买者长期提供的一组特定的特点、利益和服务的承诺；品牌还是一个更为复杂的符号标志，能表达出属性、利益、价值、文化、个性和使用者等六层意思（Kotler，2000）。根据美国市场营销协会的定义，品牌是一个“名称、标记、标志、设计或是上述的综合，用于识别一个销售商或销售商群体的商品与服务，并且使之同与其竞争的商品或服务区分开来”（Kotler 和 Keller，2003）。

在国内，有学者认为，品牌是一个系统，一个包括产品与服务功能要素（如用途、品质、价格、包装等）、厂商和产品的形象要素（如图案、色调、广告、音乐等）、消费者的心理要素（如对企业及其产品和服务的认知、态度、感受、体验等）在内的三维综合体（黄昌富，1999）。品牌作为一个系统，具有系统的一般特性：第一，它是一个整体，是产品与服务功能、企业与产品形象、消费者心理因素三个要素的综合表达；第二，品牌系统的三个要素相互关联和影响；第三，品牌系统的每个要素均可以分层，比如，作为产品功能要素内容之一的产品质量，就有设计质量、工艺质量等区分，又如企业及其产品形象有企业整体形象、产品形象等区分；第四，品牌具有目的性，品牌的存在、延续与维持，是企业生命力的所在；第五，品牌与环境之间存在着相互作用的关系，适应市场变化要求的品牌能永葆青春，活力永存，相反就会在无情的市场竞争浪潮中悄然消失。

品牌与产品是两个既有区别又有联系的概念。根据菲利普·科特勒的一个著名的营销学观点，产品是能够引起市场注意、获取、使用，或能够满足某种消费需求和欲望的任何东西。产品可以是实物、服务、人、组织或地名。品牌给这些产品加上了其他各种特性，这些特性使它们以某种方式区别于其他用来满足相同需求的产品。这些差异也许是理性的和可见的——与产生品牌的产品的特点有关，或者更加具有象征性，更情感化，更不可见——与其所表现的品牌有关。品牌的这种特性是将一个品牌与其未品牌化的同类产品区别开，并且赋予它资产净值，是消费者对于该产品的特性、功能、品牌名声及相关企业的感觉（Achenbaum，1993）。

从品牌定义的变迁我们可以看出，人们对其理解由重视标识功能发展到重视品牌引起的联想，如它所传递的价值、文化、个性等。品牌成了连接品牌拥有者和品牌用户之间的纽带。现在，品牌对于企业具有举足轻重的作用，是现代企业最有价值的财富之一。它可以增加产品的附加值，有利于培养消费者的品牌忠诚，增加顾客购买的可能性，可以维系与顾客的联系，传达企业的经营理念，加深顾客对企业的认识和了解。品牌不仅可以区分开竞争对手，建立差别化优势，而且是公司竞争优势的来源，使企业能够长时间地稳住自己在行业中的竞争地位，是企业稳定的未来收益的来源之一。总之，品牌在企业的经营中发挥了越来越大的作用，正逐步成为企业获取竞争优势的关键因素之一。

二、财务观点的品牌资产

财务观点是最早的一种观点，也是目前世界上几大品牌价值评估公司进行全球品牌评估的基础。“brand asset”往往指的就是财务观点的品牌资产。这一观点强调利用经济或是财务模型精确估计出品牌价值，作为品牌建立绩效评估的依据；或是从会计角度，把品牌视为资产或商誉，将品牌价值表现在财务报表上，为公司购并或清算时作参考。由于强势品牌可以为所有者带来稳定的超额收益，人们对于品牌是企业无形资产的一个组成部分的说法已经达成共识。从成本角度看，品牌资产应为品牌重新建立的成本或是竞争对手模仿的成本（Stobart，1991）。但是品牌资产与企业其他资产存在太多差别，使用 asset 并不能诠释其深刻内涵，为了探索品牌资产的本质和构成要素，强化企业对这个概念的理解和重视，从而更好地管理和利用品牌资产，学者提出了新的名词“brand equity”，将品牌资产从财务会计学领域中延伸出来。

从财务的角度对品牌资产概念界定的学者及其观点主要有：

品牌资产对消费者来说是对品牌产品的积极评价或态度，它是对于一个产品品牌所要赋予企业、贸易或顾客的增加值（Farquhar，1989）。按照 Farquhar 的观点，品牌资产是既定品牌赋予一种产品而带来的增加价值；也有学者认为有品牌战略比无品牌战略能够提升企业现金流（Simon 和 Sullivan，1993）。有学者将品牌资产定义为凭借成功的计划和活动，产品和服务的交易所带来的可度量的财务价值（Smith，1991）。国内学者范秀成介绍了国外不同机构和学者对品牌资产的定义，将品牌资产界定为企业以往在品牌方面的营销努力产生的赋予产品或服务的附加值，使用品牌资产三维度模型将其细化为财务权益、顾客权益和延伸权益，并从这三个方面分别介绍了一套测评各个权益的指标（范秀成，2000）。

财务的概念使得品牌管理出现了一些问题，比如它注重短期利益、片面指标。这对于品牌的长期发展是极其不利的，而且对于管理者也不易操作。目前全世界几大品牌评估机构 Interbrand、Financial World 和 WBL 所使用的品牌资产评估方法都是从财务的角度看待品牌资产。

三、市场观点的品牌资产

市场观点品牌资产是顺应品牌的不断扩张和成长而提出的。与财务观点的品牌资产的最大不同在于，财务观点的品牌资产着眼于品牌的短期利益，而市场观点品牌资产研究的重心则转移到品牌的长远发展潜力。

美国营销科学研究院（MSI）将品牌资产定义为：品牌的顾客、渠道成员和母公司等对于品牌的联想和行为集合，这些联想和行为使品牌可以获得比在没有品牌时更多的销售量或利润，并赋予品牌超过其竞争者的强有力的、持续的和差异化的竞争优势。Tauber 认为品牌资产是来源于品牌所达成的市场地位，是超过其实体资产价值的附加价值（Tauber，1988）。Doyle 从产品政策的观点认为品牌价值是长期投资以建立竞争者持久及差异化优势的效果。认为品牌有助于顾客辨别产品，成功的品牌可以利用广告、包装、设计、摆设、渠道来创造品牌形象，让顾客对品牌产生偏好及忠诚度，增强购买机会及促使购买决策更有效率（Doyle，1989）。Kamakura 和 Russell 认为品牌资产为品牌延伸的增量效用，而非功能属性所创造（Kamakura 和 Russell，1993）。

四、顾客观点的品牌资产

大多数学者从消费者角度来认识品牌资产。如果品牌对于消费者没有任何价值，那么它对于投资者、生产商或零售商也就没有价值。因此品牌资产的核心便成为如何为消费者建立品牌的内涵（Blackston，2003）。品牌大师Aaker提出了品牌资产的概念。品牌资产包含的主要资产项目有：品牌忠诚度、品牌知名度、认知质量或者领导地位、品牌形象以及其他品牌专有资产（Aaker，1996）。品牌资产是能够增加或者减少一种产品或者服务对于其公司及顾客所产生的价值的一系列品牌资产和负债，以及品牌名称与象征（Aaker，1991）。

Keller提出了基于顾客的品牌资产的概念，认为品牌资产是因顾客的品牌知识而引起的对该品牌营销活动不同的反应（Keller，1993）。这些反应主要体现在顾客忠诚度、对竞争者营销活动的抵抗能力、对降价更大的弹性反应、对涨价更小的弹性反应、对品牌延伸的正面评价等方面。Keller对品牌资产的这种理解从根本上揭示了品牌资产经济价值的内在驱动因素，具有重要的理论意义和实践意义。此后众多学者都从基于顾客的品牌资产视角来研究问题。也有学者将品牌资产定义为：品牌名称加诸于产品上，顾客所增加的认知效用与好处（Lassar，Mittal和Sharma，1995）。他们根据Keller（1993）对品牌资产的定义，认为（1）品牌资产是指顾客的认知，而不是一些具体的指标；（2）品牌资产是对品牌整体的价值联想；（3）品牌的整体价值主要源自品牌名称，而不只来自于品牌的实体部分或者功能性部分；（4）品牌资产并非绝对的，而是与其竞争对手相对比较的；（5）品牌绩效对于财务绩效有正面影响。

第六节　品牌资产的构成

对于基于顾客的品牌资产的构成，各个学者都有不同的认识，下面介绍几种学术界广泛认同的观点。

一、大卫·艾克（David A. Aaker）区分的品牌资产维度

基于顾客的品牌资产具有多个维度，Aaker 提出“品牌资产五要模型”，包括品牌忠诚度、品牌知名度、认知质量或者领导地位、品牌形象以及其他品牌专有资产（Aaker，1991）。Aaker 又进一步提出“品牌资产十要模型”，将品牌资产分解为五个维度和十个要素，即忠诚度（溢价、满足度/忠诚度）、品牌认知（品牌认知、领导性/受欢迎性）、品牌联想（价值、品牌个性和企业组织联想）、品牌知名度、市场状况（市场价格和通路覆盖、市场占有率）（Aaker，1996）。这五个维度在选取上有四条严密的标准。首先，评估维度要反映被测量品牌资产的结构，品牌资产的概念内容及其结构是指导与发展评估维度的关键，尤其是测量维度应该反映品牌资产的价值而且要关注到品牌所具有的持久而不易被竞争对手所复制的优势，而不应该停留在像市场营销组合这样的战术层次。其次，测量维度要真正反映那些驱动市场的与未来收益和销售关联的因素，品牌经理要确信测量维度的变动要能够导致未来收益与销售的变动。再次，所选择的维度要足够敏感，当品牌资产发生变动时，测量维度也要跟着发生变动。例如，当品牌资产因为战术失误和竞争对手的行动而受损时，这些测量的维度也要反映出这些变化。最后，测量维度应该能够在不同的品牌、产品系列以及市场中适用。由于，Aaker 对该模型的维度选取制定了严格的标准，该模型的维度也成为日后学者们建构基于消费者基础上的品牌资产模型的基础。

二、凯伦·凯勒（Kevin L. Keller）区分的品牌资产维度

Keller 提出品牌资产知识模型，建立品牌资产的关键是在消费者当中形成持久而又牢固的品牌知识，基于消费者基础上的品牌资产是基于消费者因掌握了品牌知识后对营销行为产生不同的反应（Keller，K. L.，2003）。品牌资产来源于品牌知识（brand knowledge），而品牌知识又由品牌意识（brand awareness）和品牌形象（brand image）构成。其中品牌意识和品牌形象又有几个维度构成，如图 2. 1 所示。

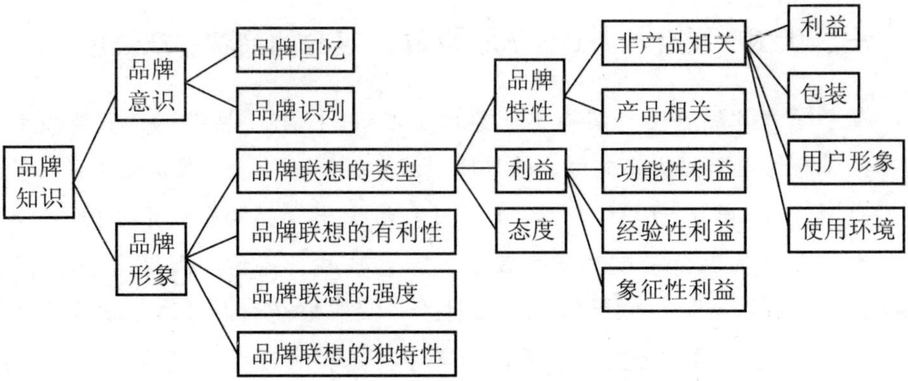

图 2.1　品牌知识的维度

Keller 的品牌资产知识模型以消费者为基础，对品牌知识这一概念展开详尽的描述，有利于对企业的实践经营活动提出指导，但是该模型缺少对学术上的指导性，许多工作与研究尚待补充完成，另外模型层次过多，使得整个模型显得过于复杂，有的维度之间还存在一定程度的概念重叠。

Keller 在提出基于顾客的品牌资产概念之后，又在 2001 年提出了品牌资产金字塔模型（Keller，2001）（如图 2.2 所示），他指出了构建品牌资产须经四个相互关联的有序步骤：品牌识别→品牌含义→顾客反应→品牌联系。这个模型相比较之前的品牌资产模型有了很大的进步，他提出了之前的品牌资产模型所没有的形成品牌资产的逻辑顺序，打破了以往品牌资产模型那种平行的模式，是品牌资产模型领域的一个进步。但是所选取的四个维度：品牌识别、品牌含义、顾客反应以及品牌联系四个维度缺乏 Aaker 的品牌资产十要素模型的几个维度的严谨性，而且他没有进一步探讨各维度之间的关系，也没有进行实证检验。

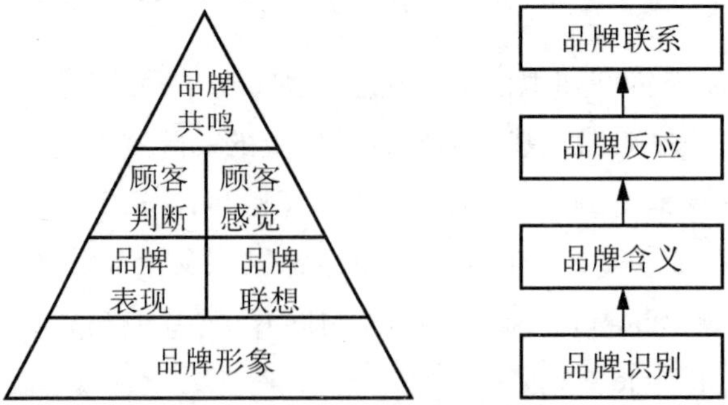

图 2.2　Keller 品牌金字塔模型

三、其他学者区分的品牌资产维度

Yoo 和 Donthu（2001）从“品牌资产五要模型”中提取了四个反映营销和顾客行为研究中常用的品牌资产维度，即品牌忠诚度、品牌知名度、认知质量和品牌形象。基于这四个维度，他们开发了分别衡量整体品牌资产和多维度品牌资产的量表。Yoo 和 Donthu 的研究是对 Aaker 的品牌十要素模型的一次检验，他们开发的量表通过了检验，在不同的文化背景之下的可操作性也比较强，因而为后续研究的学者奠定了坚实的基础。并且在这篇论文的研究中还发现：品牌资产的各个维度之间可能存在着一定的层级以及因果关系，并且在不同的文化背景之下，品牌资产的各个维度之间的重要性是不同的。例如：美国的消费者可能更加注重感知质量这一维度属性，而韩国的消费者更加注重品牌忠诚。但是该篇论文没有进一步去研究品牌资产各个维度之间具体的因果关系，并且品牌知名度这个维度的取舍还存在着一定的争议。

国内学者对品牌资产的研究始于 20 世纪 90 年代，但多是对概念的引进和解释，目前国内对品牌资产的研究主要集中在品牌资产概念解析、品牌资产测量体系、品牌延伸等领域。范秀成介绍了国外不同机构和学者对品牌资产的定义，将品牌资产界定为企业以往在品牌方面的营销努力产生的赋予产品或服务的附加值，使用品牌资产三维度模型将其细化为财务权益、顾客权益和延伸权益，并从这三个方面分别介绍了一套测评各个权益的指标（范秀成，2000）。范秀成介绍了 Keller 的“基于顾客的品牌资产”的相关概念，着重阐述了品牌联想的类型，在 Krishnan 的基础上提出了研究品牌联想与品牌资产之间关系的品牌联想结构分析模型，并对中外品牌联想结构进行了实证研究。

有学者在对 100 家大中型企业的实证调查基础上，运用数理统计方法，分析了品牌资产各组成要素，提取了品牌资产五个最重要的构成因子，首次从量化角度提出品牌资产最重要的因子是品牌地位和顾客价值取向，其次为品牌定位、品牌创新能力和市场执行能力；并根据品牌资产的构成因子，对品牌资产进行了类型划分，按照品牌构成属性将企业分为领导型、成熟型、务实型、顾客导向型和创新型品牌企业（卫海英和王贵明，2003）。有学者认为品牌资产要素结构包括品牌知名度、品牌联想度、品牌美誉度、品牌忠诚度四个维度（袁登华，2000）。有学者提出品牌知名度、品牌知觉质量、品牌联想以及品牌忠诚度是品牌资产构成的重要来源（丁家永，2006）。有学者提出了基于顾客的品牌资产模型（于春玲、赵平和王海忠，2008），如图 2.3 所示：

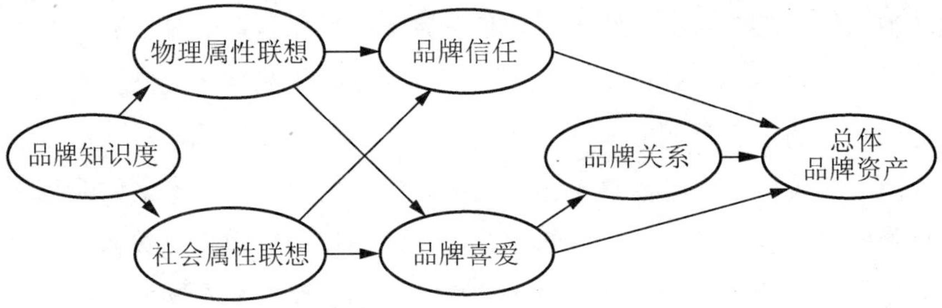

图 2.3　基于顾客的品牌资产模型

这个模型综合考虑了西方以及我国学者的研究成果，设立了多个维度并且各个维度之间层次分明，但是该模型过于复杂而且维度的提出缺少足够的理论依据，不同的维度物理属性联想与社会属性联想之间存在着一定的重叠，品牌信任与品牌喜爱以及品牌关系三个维度不但存在重叠而且似乎可以合为“品牌忠诚度”一个维度，同时在操作过程中存在一定难度。

第七节　品牌资产的测量

在品牌资产的相关研究中，品牌资产的测量是核心和关键（何佳讯，2006）。有学者将现有的品牌资产测量分为三类模式：第一类，顾客心智模式，是指用消费者态度层面的信息反映出的品牌实力或品牌价值；第二类，“产品市场绩效”模式，是指品牌为其产品在商品市场交换活动中增加的产出或利益；第三类，金融市场绩效模式，反映了品牌作为一种金融资产的价值（Keller 和 Lehmann，2003）。

一、基于顾客心智的品牌资产测量

美国著名品牌研究专家 Keller 在其 1998 年出版的《战略品牌管理》一书

中从消费者角度出发，详尽而系统地阐述了对品牌资产测量的研究。品牌资产的测量可以通过两种方式来进行：一是测量品牌资产的来源，即测量消费者品牌知识结构，包括品牌认知的宽度与深度、品牌联想的强度、正面性、独特性；二是测量品牌资产的产出，即通过测量品牌资产的收益来衡量品牌资产（Keller，2003）。建立品牌资产测量系统通常需要三个步骤：一是进行品牌资产的审计，二是设计品牌跟踪研究系统，三是建立品牌管理系统（Keller，2003）。

Keller 和 Aaker 两位学者在基于顾客心智的品牌资产测量方面做了开创性的贡献。Keller 研究发现品牌资产测量的两种方法：（1）间接法，即通过测量品牌知识来评估基于顾客的品牌资产的来源；（2）直接法，即通过评估品牌知识所产生的消费者对企业营销活动响应的效应来测量品牌资产（Keller，1993）。

在基于消费者品牌资产的量表开发方面，Yoo 等（2001）在 Keller（1993）和 Aaker（1996）所提出的理论构念的基础上，开发出包含品牌忠诚、感知质量、品牌知名度/品牌联想等三个维度十个测项的多维品牌资产（Multi-dimensional Brand Equity，MBE）（Yoo 和 Donthu，2001）。该项研究又进一步开发出具有四个测项的总体品牌资产（Overall Brand Equity，OBE），并检验 MBE 和 OBE 之间具有很高的相关性。自从文章发表以来，该量表已经被学者们广泛引用。

二、基于市场绩效的品牌资产测量

基于产品市场绩效的品牌资产测量认为品牌资产的利益最终体现为品牌在市场上的表现。价格溢价是基于产品市场绩效模式中最为常用的一种测量品牌资产的方法（Ailawadi，Lehmann 和 Neslin，2003）。价格溢价是指品牌产品比非品牌的同类产品收取更高价格的能力（Aaker，1991，1996）。另外其他市场绩效测量指标还有市场占有率、品类必要性占有率、品牌延伸等。

英国品牌咨询公司 Interbrand Group 的品牌资产评估方法是假定，品牌之所以有价值不全在于创造品牌所付出的成本，也不全在于有品牌产品较无品牌产品可以获得更高的溢价，而在于品牌可以使得其所有者在未来获得较稳定的收益。Interbrand 提出了评价品牌强度的七大构面，用以衡量品牌资产，分别为市场领导力、品牌稳定力、所在市场、品牌的国际性、品牌的趋势、广告与促销的支持、法令的保护。

有学者认为应该考虑产品的三个方面了解品牌资产：市场占有率、相对价格与顾客忠诚度，并认为这三个维度皆为构成强势品牌的重要部分，品牌资产是这三个维度的乘积。另一方面，这三个因素间存有取舍关系，彼此之间相互影响（Ailawadi，Lehmann 和 Neslin，2003）。

World Financial 公司方法与 Interbrand 公司方法基本接近，差别在于更多地以专家意见来确定品牌的财务收益数据。该方法强调品牌的市场业绩，首先从公司销售额开始，基于专家对行业平均利润的估计，计算出公司的营业利润；然后再从营业利润中剔除与品牌无关的利润额；同时根据 Interbrand 的品牌强度因子模型估计品牌强度系数；最后计算出 World Financial 品牌资产，等于纯利润乘上品牌强度系数。

三、基于金融市场绩效的品牌资产测量

基于金融市场绩效的品牌资产测量将品牌资产的价值作为一种财务性资产来加以测量。测量的指标包括一个品牌被出售或收购时的购买价格（Mahajan，Rao 和 Srivastava，1994）和品牌特许使用费的折现现金流。有学者将企业价值的其他来源的剩余市场价值作为品牌资产的测量（Simon 和 Sullivan，1993）。基于金融市场绩效的品牌资产测量方法与市场营销的关联不大，对营销活动的指导价值有限。

第八节　品牌资产的影响因素

品牌资产的形成是一个复杂的过程，受很多营销变量的影响。在现有国内外研究中，研究者重点关注对品牌资产有直接影响的一个或多个营销变量。这些营销变量可以归为四类：顾客因素、产品因素、品牌要素和营销组合。研究单个营销变量对品牌资产影响的文献集中在广告、促销、公共关系等领域。

一、顾客因素

顾客因素对品牌资产影响的研究主要关注顾客因素对品牌联想、品牌忠诚的影响。人口因素（如性别、年龄、种族、收入、职业）、文化和地域因素要素（如民族文化、地域文化等）影响消费者品牌联想的形成（汪秀英，2008）。有学者以北京市的液态奶消费者为研究对象，从消费者和企业营销两个层面，运用线性回归的方法，将性别、年龄等17种因素对消费者品牌忠诚的影响进行回归分析，发现其中包括消费者婚姻状况在内的12种因素影响显著（陆娟和张东晗，2004）。

二、产品因素

品牌资产作为企业重要的无形资产受到产品要素的影响。有学者研究表明消费者并不信任质量变化太大的品牌（Dacin 和 Smith，1994）。利用原产国形象等次级杠杆也能对品牌资产产生影响，能够产生一种对品牌的信任联想。有学者研究表明一些品牌利用原产国形象来产生品牌联想，比如法国的葡萄酒，德国的机械产品等（Erickson，Johansson 和 Chao，1984；Hong 和 Wyer Jr.，1990）。

近年来企业危机事件频发，研究者们对危机事件对品牌资产的影响也越来越重视。企业对于危机的各种反应似乎对于消费者的信念是一种关键的决定因素（Aaker，1991；Keller，1993），而正是由这种信念构成了品牌资产。他们通过实地调查和试验结果得出，消费者对企业反应的解释是基于他们先前的期望，期望与企业反应之间的相互关系会加速对品牌资产的影响（Dawar 和 Pillutla，2000）。崔金欢和符国群（2002）研究发现，出现产品危害事件时，不管公司采取何种反应措施，强预期条件下比较弱预期条件下造成的品牌资产损失要小。因此，有较多关注品牌的学者开始探讨产品伤害危机与品牌资产及其构成要素的关系。

产品伤害危机对品牌资产影响的研究主要从企业因素和消费者因素展开。从企业因素方面看，Dawar 和 Pillutla（2000）发现：（1）在产品伤害危机之后采取模糊不清的应对方式时，具有高消费者期望的公司所遭受的品牌资产损失要低于具有低消费者期望的公司；（2）在产品伤害危机之后采取明确否认责任的应对方式时，具有高消费者期望的公司所遭受的品牌资产损失要低于具有低消费者期望的公司（Dawar 和 Pillutla，2000）。从消费者因素方面看，消费者期望等因素会影响到危机中的品牌资产。如果消费者对企业品牌的期望越高，无论企业采用哪种应对方式，企业品牌资产的损失程度都相对较小（Dawar 和 Pillutla，2000；吴旭明，方正和李蔚等，2008）。

产品伤害危机对品牌资产构成要素影响的研究重点关注了购买行为、感知损失和消费者使用量等对品牌资产构成要素的影响。在购买行为方面，有学者研究发现：（1）对于“减少失调性购买行为”的消费者，维护品牌声誉、保持品牌忠诚比较困难；（2）对于“复杂性购买行为”的消费者，可以通过适当的应对措施予以挽回；（3）对于“习惯性购买的消费者”，如果危机得到有效应对，即便消费者在心理上排斥该品牌，也会在行为上继续购买，如果危机没有得到有效处理，消费者有可能在心理、行为上都很排斥该品牌；（4）对于“寻找多样化的购买行为”的消费者，如果危机得到妥善处理，消费者对品牌的评价可能会超过危机发生前；如果没有得到妥善处理，也不会给消费者带来过多的负面影响（李国峰，邹鹏和陈涛，2008）。在感知损失方面，感知损失与品牌信任度呈负相关关系，产品伤害事件形成的感知损失越大，消费者越不信任该品牌；消费者通过产品伤害事件中得到的各项负面信息形成了对该品牌的感知风险，感知风险及品牌情感与品牌信任呈明显的负相关关系，感觉到的风险越大，越不喜欢、越不信任该品牌（曾旺明和李蔚，2008）。在消费者使用量方面，与轻度消费者相比，重度消费者会在更大程度上维持对品牌态度、感知质量、品牌合意性的认知，基于重度消费者的品牌资产受损程度也更小；消费者前期对品牌的期望越高，会在更大程度上维持对感知质量、购买意向、品牌合意性的认知，其品牌资产受损程度也越小（吴旭明，方正和李蔚等，2008）。

三、品牌要素

Myers（2003）对排名靠前的九大软饮料品牌进行纵向研究，发现品牌要素对于品牌资产和品牌选择都有重要影响。

在研究各品牌要素对品牌资产影响中，学者们发现品牌名称对品牌资产有重要的影响，根据心理原则选择的品牌名称能够影响品牌的回想及识别过程（Alba 和 Hutchinson，1987）。同时一些生动易记的品牌名称对品牌资产也能产生重要的影响。同时一些研究也表明，高频率词汇比低频率词汇更容易产生品牌回想，但是低频率词汇比高频率词汇更容易认知（Dolan，1985）。

四、营销组合

国内外现有研究中，研究者重点关注对品牌资产有直接影响的一个或多个营销策略。研究单个营销策略对品牌资产影响的文献集中在广告、促销、价格和渠道等领域。从广告策略看，长期的广告支出对于品牌资产存在正向的影响，不同类型的广告也会影响品牌资产的高低（Kalra 和 Goodstein，1998；Kaul 和 Wittink，1995）；从促销策略看，价格促销对于产品在使用前的品牌评价有负面影响，且特别适于新产品上市及已上市产品推广至新的消费族群的销售促进（Raghubir 和 Corfman，1999）；从价格策略看，一些价格策略可以产生品牌利益，比如一些消费者就可能产生一种推论，认为某一类产品价格较高质量就较好（Dick，Chakravarti 和 Biehal，1990）；从渠道策略看，分销渠道也能够产生品牌次级联想，能够帮助建立品牌资产（Jacoby 和 Mazursky，1984）。

许多学者研究了能够影响品牌资产的多个营销策略的组合。公共关系、广告语、品牌标识、包装等对品牌资产很重要（Aaker，1991）；广告支出、广告占有率、市场调研费用、品牌年龄、销售队伍、进入市场时机、产品组合等是能够影响品牌资产的营销活动（Simon 和 Sullivan，1993）；公司形象、来源国、促销活动和品牌名称等是能够影响品牌资产的营销活动（Keller，1993）；价格、店面形象、通路强度、广告支出以及价格促销作为 4P 的代表会影响品牌资产（Yoo，Donthu 和 Lee，2000）；竞争品牌营销组合、企业优势（如企业形象、产品线长度、研发能力等）、产品类别（如消费者感知风险、市场规模等）也会对品牌资产产生影响（Ailawadi，Lehmann 和 Neslin，2003）。

在实证研究方面，国外个别学者选择了一些营销策略组合进行了实证研究，得到了一些结论，但是这些结论并不完全一致。首先，有学者利用调查问卷法结合文献研究的方法，发展品牌资产的五个构面（产品表现、社会形象、价值、信赖度、品牌认同/依恋感）及衡量问项，得到17个题的量表，可以用来衡量顾客基础的品牌资产（Lassar，Mittal和Sharma，1995）。之后该研究者用17题的量表来衡量两种不同的品类（电视、手表）、各三个品牌的品牌资产。该研究中也把不同品牌的市场价格与品牌资产水准作比较，发现价格与品牌资产间有正向关系，即较高品牌资产水准的品牌其市场价格相对较高。同时研究者认为推广活动是发展品牌资产的主要工具，运用推广活动可以提升各品牌资产构面的水准。有学者从消费者的观点比较不同品牌的资产分数，来获得相对性测量结果，该研究中使用了两种不同的产品或服务的品类（旅馆或清洁剂），该研究使用问卷调查方法取得分析资料，应用联合分析方法来衡量品牌资产对消费者偏好有何影响，最后再使用回归分析来衡量品牌资产对购买者的购买意图有何影响（Cobb－Walgren，Ruble和Donthu，1995）。

有学者应用结构方程模型研究了广告投入、价格、分销密度、零售店形象、价格策略对品牌资产构成要素（感知质量、品牌忠诚、品牌联想）的影响，探究这些营销活动如何增加或减少品牌资产（Yoo，Donthu和Lee，2000）。根据Aaker和Keller基于顾客角度的品牌资产概念，构建了基于消费者的多维品牌资产（MBE）模型，通过调查三种不同文化下的消费者（美国人、美籍韩国人、韩国人）对三类产品（运动鞋、胶卷和彩色电视机）共12个品牌的评价，有学者试图建立一个有坚实心理学基础、跨文化可推广性的消费者品牌资产模型（Yoo，Donthu和Lee，2000）。他们对品牌资产维度的理解不同于Keller和Aaker的初衷，他认为品牌资产由三个维度构成：品牌忠诚度、品质认知、品牌联想/知名度，他将品牌联想和品牌知名度看做不可分割的同一维度。研究发现频繁的价格促销将损害品牌资产，广告投入量、价格、分销密度、零售店的形象则与品牌资产正相关。其中，广告投入与品牌资产的正相关关系与Cobb－Walgren等的研究结论一致；但降价促销与品牌资产的负相关关系与Ailawadi等（2003）的研究结论是相反的。

近年来，中国在品牌资产方面的实证研究有所发展。有学者研究了价格促销的折扣量对感知质量、购买意向和品牌忠诚三个维度的影响，发现深度折扣对感知质量、品牌忠诚有负面影响，但对购买意向有一定的积极作用（江明华和董伟民，2003）；同时，深度折扣使得消费者对品牌资产的评价明显降低。

卫海英等（2003）① 研究了企业质量策略、促销策略、产品经营和延伸策略、进入市场时机等对品牌资产五要素的影响，发现上述经营策略与品牌资产各要素显著相关（卫海英和王贵明，2003）。有学者发现营销策略对品牌资产的影响，并且通过知名服装品牌进行了验证（仓平，2007）。

第九节　文献评价与研究机会

产品伤害危机（product harm crisis）是指偶尔出现并被广泛宣传的关于某个产品是有缺陷或是对消费者有危险的事件（Siomkos 和 Kurzbard，1994）。现有的研究指出，产品伤害危机发生对消费者心理和行为都会产生负面影响。在消费者心理方面，产品伤害危机事件及其处理过程能够影响消费者对危机企业和危机产品的态度（Siomkos 和 Malliaris，1992）；产品伤害危机及其处理过程会对事件产品进入消费者考虑集产生负面影响（王晓玉，晁钢令和吴纪元，2006）；产品伤害危机对不同年龄、品牌忠诚度、使用量的消费者的购买意愿产生不同程度的负面影响（Cleeren，Dekimpe 和 Helsen，2008；方正，李蔚和李珊，2007）。在消费者行为方面，当产品伤害危机的责任方尚不清楚时，女性消费者对公司的抱怨要比男性消费者多一些（Laufer 和 Gillespie，2004）；感知损失与品牌信任度呈负相关关系，产品伤害事件形成的感知损失越大，消费者越不信任该品牌（曾旺明和李蔚，2008）。由此看出，无论是对消费者心理还是对消费者行为，产品伤害危机都会产生负面影响。这也就容易理解，品牌伤害危机（崔金欢和符国群，2002）和公司仓促的应对（Dawar 和 Pillutla，2000），会极大地损伤品牌资产。

品牌资产是沉淀企业信誉、累积企业资产的重要载体。它构建于消费者的信念和品牌知识之上，是一种重要但却脆弱的无形资产（Keller，1993）。创建品牌资产需要多年的努力，但毁掉它却只需经历一场产品伤害危机，三鹿奶粉、三株口服液都是典型的案例。但迄今为止，对如何有效应对产品伤害危机

① 卫海英，王贵明．品牌资产与经营策略因子关系的回归分析［J］．学术研究，2003（7）：63－65。

这一问题，企业间仍然存在不同的理解。我们不禁思考：哪种应对策略能在更大程度上保护企业的品牌资产？

对于这一问题，过去的研究还不能提供确切答案。首先，就产品伤害危机的应对策略研究而言，已经有学者讨论了危机应对策略对购买意愿（Siomkos和Kurzbard，1994）、消费者考虑集和感知危险的影响（王晓玉，晁钢令和吴纪元，2006），但这些研究，一是对现实中的应对策略涵盖不够全面，二是没有将品牌资产作为研究的因变量。其次，就产品伤害危机对品牌资产的影响研究而言，有学者探讨了消费者期望对品牌资产的调节作用（Dawar和Pillutla，2000），有学者探讨了行为承诺对品牌资产的影响机制，却没有对比不同应对策略对品牌资产的差异性影响（吴旭明，方正和李蔚等，2008）。因此，如何应对产品伤害危机以有效保护品牌资产，仍然是需要探索的问题。

为了探索产品伤害危机对品牌资产的影响，本研究拟定从四个方面研究这一课题：第一个方面是可辩解型产品伤害危机中个体差异对品牌资产的影响；第二个方面是产品伤害危机应对策略对品牌资产的影响研究；第三个方面是可辩解型产品伤害危机应对策略对品牌资产的影响研究；第四个方面是不可辩解型产品伤害危机应对策略对品牌资产的影响研究。

第三章　定义与概念

第一节　产品伤害危机

产品伤害危机（product harm crisis）是指偶尔出现并被广泛宣传的关于某个产品有缺陷或是对消费者有危险的事件（Siomkos 和 Kurzbard，1994）。“产品缺陷或伤害是否违反相关产品法规或安全标准”是产品伤害危机的分类标准（Bradford 和 Garrett，1995；Smith，2003；方正，2007）。结合中国案例，方正（2007）进一步对两类产品伤害危机进行了举例说明：一方面，如果产品违反了某项产品法规或者安全标准，不管公司如何辩解，都逃不开“产品有害”的事实。在这种情况下，公司无法通过辩解而消除顾客对产品缺陷和伤害的感知危险，这种产品伤害危机属于不可辩解型产品伤害危机。典型的案例如2006年的“汇源果汁菌落总数超标危机”。在“汇源果汁菌落总数超标危机”中，权威部门检测菌落总数超过国家标准上千倍，在这样的背景下，汇源集团是无法通过辩解和澄清来证明产品无害的，因此，该危机属于不可辩解型产品伤害危机。另一方面，与“汇源果汁菌落总数超标危机”不同的是，在“芬达美年达致癌危机”中，虽然芬达和美年达含有涉嫌致癌的苯，但是由于苯含量在国家颁布的饮用水标准范围内，因此，可口可乐公司和百事可乐公司仍然可以通过自己解释和行业组织澄清来降低消费者的感知危险、维持市场份额。通过自身澄清和行业协会的澄清，可口可乐、百事可乐顺利规避了此次可辩解型产品伤害危机的负面影响，这与汇源果汁在“汇源果汁菌落总数超标危机”的处境完全不相同。

第二节 品牌资产

有学者认为品牌就是要在顾客的脑海中建立一种定位（Al 和 Trout，1982）；有学者认为，品牌是一种用于同竞争者相区别的工具（Mcwilliam 和 De Chernatony，1989）；有学者认为品牌使得一个产品与无品牌的同种产品相区别并通过消费者对于产品特征、功能的感知而增值（Achenbaum，1993）。有学者认为品牌从本质上说，是销售者向购买者长期提供的一组特定的特点、利益和服务的承诺；品牌还是一个更为复杂的符号标志，能表达出属性、利益、价值、文化、个性和使用者等六层意思（科特勒·菲利普，2000）。根据美国市场营销协会的定义，品牌（brand）是一个“名称、标记、标志、设计或是上述的综合，用于识别一个销售商或销售商群体的商品与服务，并且使之同与其竞争的商品或服务区分开来”（Kotler 和 Keller，2003）。

在国内，有学者认为，品牌是一个系统，一个包括产品与服务功能要素（如用途、品质、价格、包装等）、厂商和产品的形象要素（如图案、色调、广告、音乐等）、消费者的心理要素（如对企业及其产品和服务的认知、态度、感受、体验等）在内的三维综合体（黄昌富，1999）。品牌作为一个系统，具有系统的一般特性，第一，它是一个整体，是产品与服务功能、企业与产品形象、消费者对企业及其产品与服务的认知、态度、感受的有机组合，是三个要素的综合表达。第二，品牌系统的三个要素相互关联和影响。第三，品牌系统的每个要素均可以分层，比如，作为产品功能要素内容之一的产品质量，就有设计质量、工艺质量等区分；又如企业及其产品形象，又有企业整体形象、产品形象等区分。第四，品牌具有目的性，品牌的存在、延续与维持，是企业生命力的所在。第五，品牌与环境之间存在着相互作用的关系，适应市场变化要求的品牌能永葆青春，活力永存，相反就会在无情的市场竞争浪潮中悄然消失。

对于品牌资产的形成，本研究参照品牌资产定义“品牌资产是因顾客的品牌知识而引起的对该品牌营销活动不同的反应”（Keller，1993），即品牌资产的产生是基于消费者头脑中对该品牌的知识。

对于品牌资产的构成，为保持产品伤害危机这一领域的研究连续性，本研究参照了 Dawar 和 Pilluta（2000）在研究不可辩解性产品伤害危机对品牌资产的影响时划分的五个维度——品牌态度、品牌信任、感知质量、购买意向和品牌合意性。

第三节 消费者购买量

在市场营销领域，通常以重度消费者（heavy user）和轻度消费者（light user）来区分衡量购买行为的高低程度。根据认知不协调理论和决策后不协调理论，可以推测：在可辩解型产品伤害危机发生后，消费者购买量会影响基于顾客的品牌资产。社会心理学中，对行为和态度的研究发现，在态度影响行为的同时，行为同样会影响态度。认知不协调理论（Festinger，1957）指出：一旦我们从事了与态度不一致的行为，特别是在自愿的条件下，为减少认知不协调感，我们经常会反过来调整自己先前的态度。决策后不协调理论（Blanton，Pelham 和 Dehart *et al.*，2001）指出：当我们做出重要决策、实施重要的行为后，我们经常会过高评价自己的选择而贬低放弃先前的选择，以此来减少不协调感，最终使得决策和行为转换成为信念和态度。比如，即便是在错买一种产品后，许多人都喜欢说自己当初的决策多么正确，并在心理上改变对产品的态度，逐渐接纳它。此外，近几年的其他心理学研究也再次证明：当行为与态度表现得不一致时，行为可以改变认知，行为可以改变态度，行为可以改变情感（Harmon－Jones，Brehm 和 Greenberg *et al.*，1996；Johnson 和 Johnson，1995；Mcgregor，Newby－Clark 和 Zanna，1999）。

第四节 品牌期望

在心理学领域，“选择性注意”（selective attention）的大量相关研究都证实了：无论事实是否与期望一致，期望都会与事实相互作用，影响人对事实的注意的判断。由于先前的期望不同，人会选择性注意和解释客观信息，因而导致对客观现象的解释存在很大差异（Russell 和 Richard，1987）。具体来讲，分为三种情况：（1）在事实与期望一致的情况下，如果期望强度高，期望和事实将会产生累加效应，使得期望进一步增强；如果期望强度低，事实将会改变人先前的期望（Deighton，1984；Levin 和 Gaeth，1988）。（2）在事实模糊不清的情况下，如果期望强度高，选择性注意会使得期望作用于事实，使主体偏向于注意与期望相一致的事实，而期望和事实将会产生累加效应，使得期望进一步增强；如果期望强度低，主体会评估事实，如果信息有利于得出结论，主体就会改变期望（Background，1997；Ha 和 Hoch，1989）。（3）在事实与期望矛盾的情况下，人通常会对期望与事实打“折扣”，以便使期望与事实一致。如果期望强度高，主体会通过选择性注意对事实打折扣，而不是期望；如果期望强度低，主体则通常会进一步降低期望值（Marks 和 Kamins，1988；Smith，1993）。

第五节　企业声誉

企业声誉可能导致选择性注意（selective attention）和偏向的信息处理（biased information processing）。良好的企业声誉，意味着消费者对企业持有积极的态度；而负面的企业声誉，则反之。态度一旦形成，就会引导个体的信息处理过程（Petty 和 Cacioppo，1977）。与先前态度一致的信息会被赋予更多权重（Kunda，1990）；因此，与先前态度一致信息的说服力，强于与先前态度不一致信息的说服力（Ahluwalia，Unnava 和 Burnkrant，2001；Edwards 和 Smith，1996）。对此，先前的诸多研究已经予以证实（Darley 和 Gross，1983；Ha 和 Hoch，1989；Hoch 和 Deighton，1989；Hoch 和 Ha，1986）。因此本研究推测，对声誉较好的企业而言，如果采取混合应对方式，消费者更多关心其中包含的正面内容，比如，在可辩解型产品伤害危机中，消费者可能只关注企业对产品无害性所做出的辩解，并且将和解策略看做是企业有责任心的表现；对声誉较坏的企业而言，则反之，消费者会更多关注其中包含的负面内容。

除可能导致选择性注意和偏向信息处理外，企业声誉还可能产生晕轮效应(halo effect)。晕轮效应是指人们对他人的认知判断首先是根据个人的好恶得出的，然后再从这个判断推论出认知对象的其他品质（Thorndike，1920）；因此，一旦人们对某人、某个组织形成了正面印象，人们就容易忽略与这一良好印象相对立的负面信息（Balzer 和 Sulsky，1992；Nisbett 和 Wilson，1977）。实际上，过去的研究也已证实，良好企业声誉产生的晕轮效应可以带来一系列的好处：增加顾客忠诚、易化产品引入、强化广告效果、提升招聘效果等（Allen 和 Caillouet，1994；Cameron，1994；Druckenmiller，1993；Gaines - Ross，1997；Goldberg 和 Hartwick，1990；Morley，2002；Patterson，1993）。

第六节 心理风险

为了深入研究产品伤害危机负面影响的中介机制，加深对产品伤害危机的认识，已有研究关注了产品伤害危机负面影响过程中的中介变量。首先，在危机品牌能否进入消费者考虑集的过程中，感知危险起到了中介作用（Erdem，Swait 和 Iacobucci，2004）；在口碑方向影响消费者态度的过程中，感知风险起到部分中介作用（王晓玉和晁钢令，2008）。据此，本研究推测感知危险或感知风险，可能会充当品牌资产的中介变量。

感知危险和感知风险这两个概念相比，感知风险的含义更广，也被更广泛地使用。感知风险通常包括六种不同类型，即财务风险、绩效风险、身体风险、社会风险、心理风险和时间风险等（Chaudhuri，2000；Mitchell，1999；Stone 和 Granhaug，；1993）。然而，Stone 和 Granhaug（1993）进一步发现心理风险是一个重要的中间变量，在其他风险类型与总风险水平之间起到了桥梁作用。

第七节 感知公平

社会学研究发现公平是人类的基本需要（Berry，1995）。如果人们感觉自己所获的投入—产出比与其他相关者的投入—产出比接近时，他们就会认为该结果是公平的（Adams，1965）。社会学主要从分配、过程和交互三个维度来研究公平，认为每个维度都分别与交换中所获得的一种结果相对应（Bies 和 Moag，1986；Greenberg，1990）。具体而言，分配公平（distributive justice）指资源分配和一次交易结果的公平性（Adams，1965；Deutsch，1975）；过程公平（procedural justice）指用来制定决策的流程或标准的公平性（Gergen，1977；Lind 和 Tyler，1988；Thibaut 和 Walker，1975）；交互公平（interactional justice）指信息和结果的传达方式和态度体现出的公平性（Bies 和 Moag，1986；Bies 和 Shapiro，1987）。

公平理论可以应用到任何投入—产出的交换过程中（Oliver 和 Swan，1989）。就不可辩解型产品伤害危机而言，可以把顾客损失看做一种投入，把企业的应对策略看做顾客获得的一种产出。这个投入—产出的交换过程中体现的公平性同样会影响顾客的态度和认知。学者们发现公平评价会影响顾客满意度和重购意愿（Blodgett Donna 和 Jeffrey，1997；Oliver 和 Swan，1989），而且顾客对不公平的反应比公平更为强烈（Schneider 和 Bowen，1999）。因此，

第八节　心 理 账 户

在人的头脑中，会把实际上等价的支出或收益划分不同的价值，即心理账户（Thaler，1980）。与经济账户里的每一块钱都是等价的、可以替代的有所不同，心理账户中相同的支出和收益却有不同的含义，人们对其的态度也不同，从而据此产生不同的决策和行为。心理账户的主要特征就是非替代性，即不同心理账户中的内容对个体的意义是不同的，难以相互替代。

心理账户理论形成后，在消费者行为领域也得到了证实和应用。不同心理账户中的内容会对顾客认知、态度和行为产生不同的影响（Thaler，1999）。服务失败领域的研究发现，顾客会对服务失误进行分类，将其划入不同的心理账户，然后基于对每个“账户”的评估做出相应的反应（Mohr 和 Bitner，1995）。按照这个思路，顾客会将感知公平的不同维度划入不同的心理账户，

即分配公平、过程公平和交互公平分属于三个心理账户。可以推测，由于所属的心理账户不同，应对策略会对感知公平的三个维度产生不同的影响。这是因为，与心理账户相似性较高的投入，可以带来较高权重的投入感知（Thaler，1985）。如果应对策略与感知公平的某个维度相似性较高，则该策略会对相应维度影响更大。

第四章　产品伤害危机中消费者个体差异对品牌资产的影响研究

第一节　引　　言

产品伤害危机不仅会降低销量，还会负面影响企业无形资产。从文献研究来看，一是以往的研究虽已检验了产品伤害危机及其应对方式会对品牌资产产生影响（Dawar 和 Pillutla，2000），但还没有学者研究产品伤害危机中个体差异对品牌资产的影响；二是有学者研究了在产品伤害危机中消费者个体差异对购买意愿等营销变量的影响，例如：Siomkos 和 Kurzbard（1994），Laufer 和 Gillespie（2004），Burger（1981），Laufer，Silvera 和 Meyer（2005），方正（2006）等，但却没有学者研究个体差异对品牌资产的影响。本章将从消费者购买量差异和消费者对品牌期望的差异两个方面来考察产品伤害危机中的品牌资产。

在市场营销领域，通常是以重度消费者（heavy user）和轻度消费者（light user）来区分衡量购买行为的高低程度。根据认知不协调理论和决策后不协调理论，可以推测：在产品伤害危机发生后，消费者购买量会影响基于顾客的品牌资产。究竟不可辩解型产品伤害危机对品牌资产有怎样的影响仍需要继续探索和研究。

在心理学领域，“选择性注意”的大量相关研究都证实了：无论事实是否与期望一致，期望都会与事实相互作用，影响人对事实的注意的判断。由于先前的期望不同，人会选择性注意和解释客观信息，因而导致对客观现象的解释存在很大差异（Oliver 和 Winer，1987）。因此，我们可以推测：在可辩解型产品伤害危机发生后，消费者对品牌的期望会影响基于顾客的品牌资产。究竟不可辩解型产品伤害危机对品牌资产有怎样的影响仍需要继续探索和研究。

因此，基于先前的研究成果，我们发现：产品伤害危机中消费者购买量和消费者对品牌的期望对品牌资产的影响，还是一个研究的机会点，仍需要继续探索和研究。

第二节　研究假设

对于品牌资产的形成，本研究参照品牌资产定义“品牌资产是因顾客的品牌知识而引起的对该品牌营销活动不同的反应”（Keller，1993），即品牌资产的产生是基于消费者头脑中对该品牌的知识。具体过程如图 4.1：

图 4.1　品牌资产的形成过程

对于品牌资产的构成，为保持产品伤害危机这一领域的研究连续性，本研究参照了 Dawar 和 Pilluta（2000）在研究不可辩解型产品伤害危机对品牌资产的影响时划分的五个维度——品牌态度、品牌信任、感知质量、购买意向和品牌合意性。

一、消费者购买量对品牌资产的影响

社会心理学中，对行为和态度的研究发现，在态度影响行为的同时，行为同样会影响态度。认知不协调理论（Festinger，1957）指出：一旦我们从事了与态度不一致的行为，特别是在自愿的条件下，为减少认知不协调感，我们经常会反过来调整自己先前的态度。决策后不协调理论（Blanton，Pelham 和 Dehart *et al.*，2001）指出：当我们做出重要决策、实施重要的行为后，我们经常会过高评价自己的选择而贬低放弃先前的选择，以此来减少不协调感，最终使得决策和行为转换成为信念和态度。比如，即便是在错买一种产品后，许多人都喜欢说自己当初的决策多么正确，并在心理上改变对产品的态度，逐渐接纳它。此外，近几年的其他心理学研究也再次证明：当行为与态度表现得不

一致时，行为可以改变认知，行为可以改变态度，行为可以改变情感（Harmon - Jones，Brehm 和 Greenberg *et al.*，1996；Johnson 和 Johnson，1995；Mcgregor，Newby - Clark 和 Zanna，1999）。

在市场营销领域，通常是以重度消费者（heavy user）和轻度消费者（light user）来区分衡量购买行为的高低程度。因此，可以推测：由于重度消费者购买量大，行为程度高，在产品伤害危机发生后，为了减少自身的焦虑情绪和不协调感，重度消费者会在更大程度上维持对产品品牌的认知，维持自己的品牌知识构成。由此，我们推断出假设 H_1：

H_1：在产品伤害危机中，与轻度消费者相比，基于重度消费者的品牌资产受损程度更小。

H_{1a}：在产品伤害危机中，与轻度消费者相比，重度消费者的品牌态度受损程度更小。

H_{1b}：在产品伤害危机中，与轻度消费者相比，重度消费者的品牌信任降低程度更小。

H_{1c}：在产品伤害危机中，与轻度消费者相比，重度消费者的感知质量降低程度更小。

H_{1d}：在产品伤害危机中，与轻度消费者相比，重度消费者的购买意愿降低程度更小。

H_{1e}：在产品伤害危机中，与轻度消费者相比，重度消费者的品牌合意性降低程度更小。

二、品牌期望对品牌资产的影响

现有研究指出，无论事实是否与期望一致，期望都会与事实相互作用，影响人对事实的注意的判断。具体来讲，分为三种情况：（1）在事实与期望一致的情况下，如果期望强度高，期望和事实将会产生累加效应，使得期望进一步增强；如果期望强度低，事实将会改变人先前的期望（Deighton，1984；Levin 和 Gaeth，1988）。（2）在事实模糊不清的情况下，如果期望强度高，选择性注意会使得期望作用于事实，使主体偏向于注意与期望相一致的事实，而期望和事实将会产生累加效应，使得期望进一步增强；如果期望强度低，主体会评估事实，如果信息有利于得出结论，主体就会改变期望（Background，1997；Ha 和 Hoch，1989）。（3）在事实与期望矛盾的情况下，人通常会对期望与事实打“折扣”，以便使期望与事实一致。如果期望强度高，主体会通过选择性注意对事实打折扣，而不是期望；如果期望强度低，主体则通常会进一步降低期望值（Marks 和 Kamins，1988；Smith，1993）。

基于“选择性注意”的研究成果，我们可以推测：当“消费者对于品牌的期望”较高时，在可辩解性产品伤害危机发生后，为了减少自身的不协调感，消费者更倾向于选择性地注意信息，在更大程度上维持对产品品牌的认知，维持自己的品牌知识构成。据此，本研究推导出假设 H_2：

H_2：在产品伤害危机中，消费者对品牌的期望越高，其品牌资产受损程度越小。

H_{2a}：在产品伤害危机中，消费者对品牌的期望越高，其品牌态度受损程度越小。

H_{2b}：在产品伤害危机中，消费者对品牌的期望越高，其品牌信任降低程度越小。

H_{2c}：在产品伤害危机中，消费者对品牌的期望越高，其感知质量降低程度越小。

H_{2d}：在产品伤害危机中，消费者对品牌的期望越高，其购买意愿降低程度越小。

H_{2e}：在产品伤害危机中，消费者对品牌的期望越高，其品牌合意性降低程度越小。

第三节　研究设计

本研究运用实验法来获取产品伤害危机中个体差异与品牌资产的相关信息。本研究以“5·12”汶川大地震中移动通信阻塞问题为背景事件，以中国移动和中国联通两个品牌、每月不同通信消费额度的客户为实验对象，然后要求实验对象阅读一段启发性文字、回忆地震期间的通信阻塞情况，并根据情景信息回答问题，完成相应态度测量。本研究运用“现场实验法”来获取产品伤害危机中个体差异与消费者的品牌认知和品牌知识的相关信息。首先寻找到真实生活状态下的实验对象，然后要求实验对象阅读关于特定情景的描述文字，最后根据情景中的信息完成相应的态度测量，具有变量操控容易、节约研究成本的特点。

本研究在实验设计时选择了“因子设计”方法，因为研究中需要对“消费者购买量”和“消费者对品牌的期望”这两个变量的变量取值进行统计控制和操控。

基于上一节假设，我们将实验主体按购买量划分为两类：重度消费者、轻度消费者，将实验产品的品牌期望划分为两个程度：高、低，总共得到 $2\times2=4$ 个实验组，具体的因子设计如表 4.1 所示。

表 4.1　实证研究 1 的因子设计

		消费者购买量	
		轻度消费者 (light user)	重度消费者 (heavy user)
消费者对品牌的期望	低	EG_{11}	EG_{12}
	高	EG_{21}	EG_{22}

（注：EG 为 Experimental Group 的缩写，EG_{ij} 是品牌期望为 i、消费者购买量为 j 的实验组）

第四节　刺激物设计

由于涉及品牌资产的度量，刺激物的设计基于真实的品牌、真实发生的产品伤害危机。本研究在成都进行调查，所有的市民都经历了移动通信阻塞，只要提及当天通信中断的情景，实验主体都能很快回忆起当时情景。因此，本研究的刺激物是一段提醒性文字：

5·12 汶川大地震发生的当天，我们的移动通信都受到了严重影响，电话打不通、短信发不出。通信不畅给我们的抗震救灾、联系亲友和日常生活都带来了诸多不便，也让我们感受到更多的焦虑、不安和担心。为了帮助各大通信运营商改善通信质量，提高突发事件发生后的通信保障能力，我们展开了此项公益性的社会调查。您的意见对我们的研究具有非常宝贵的价值，对社会也具有非常重要的现实意义，希望您能抽出 5—10 分钟的时间在调查员的帮助下完成这份问卷，为社会贡献自己的一份力量。

第五节　变量及量表设计

顾客购买量和顾客对品牌的期望是本研究的两个自变量。就顾客期望而言，中国移动在全球的运营商中网络规模、客户规模和运营收入均居第一位，成都地区的用户已有 800 多万，而中国联通只有 100 多万左右。因此，本研究将中国移动作为高品牌期望的品牌，而将中国联通作为低品牌期望的品牌。

就顾客购买量而言，通信行业计量客户购买量的单位是 ARPU（average revenue per user），即每用户平均收入（时间单位通常是一个月）。通常情况下，用户购买量越大，ARPU 值越高。2007 年，中国移动的 ARPU 值为 89 元[①]；中国联通 GSM 的 ARPU 值为 46 元，联通 CDMA 的 ARPU 值为 58 元。[②]在对以上数据适当调整、取整后，本研究对顾客购买量的高低做出界定，如表 4. 2 所示。

表 4. 2　对消费者购买量的分类

品牌	分类	特征
中国联通	重度消费者（heavy user）	ARPU 值 >50 元
	轻度消费者（light user）	ARPU 值 <50 元

① http：//tech. 163. com/08/0409/10/4934A5NE000915BE. html。
② http：//www. wapzj. com/news/yy/sort0192/html/2008041203371754. html。

续 表

品牌	分类	特征
中国移动	重度消费者（heavy user）	ARPU 值 >90 元
	轻度消费者（light user）	ARPU 值 <90 元

本研究的观察变量即因变量是品牌资产。对这一因变量，本研究参照了 Dawar 和 Pillutla（2000）在调查可辩解性产品伤害危机对品牌资产的影响时使用的调查问题和相关量表，以便保持产品伤害危机这一领域的研究连续性。在 Dawar 和 Pillutla（2000）的研究中，以品牌态度、品牌信任、感知质量、购买意向、品牌合意性五个维度来测量品牌资产。

第六节　问卷设计

从总体上，整个问卷设计包括两大部分的核心内容：刺激物和问题。在布局上，问题安排在刺激物之后，要求访问对象在阅读完刺激物后回答。

刺激物的设计已经在前一小节提出，而问题的设计需要根据调查者期望从问卷中获得的信息来确定。通常来讲，期望从问卷中获得的信息可以分为两类（Malhotra，2002）：基础信息、分类信息。基础信息是与研究问题直接相关的；分类信息用于对调查对象的分类和解释。

本研究中基本信息问题和分类信息问题的设计都是参照了 Dawar 和 Pillutla（2000）在调查可辩解性产品伤害危机对品牌资产的影响时使用的调查问题和相关量表，尽可能保持了研究的继承性。

分类信息问题只涉及了年龄和性别，与基础信息问题有所重叠，这是本研究的一个特殊之处。基本信息问题添加了一个样本甄别问题——“您是哪家移动通信公司的用户？”——以便筛选样本，进而保持样本的一致性。

除了上述两大类问题以外，本研究特别添加了一个“寒暄润滑问题”，尽可能促使调查对象进入对问题的认真思考状态。“寒暄润滑问题”对研究结果没有直接帮助，但是由于润滑寒暄问题通常简单，不会咄咄逼人，所以能赢得调查对象的合作和信任，促使调查对象进入思考状态。

对于六个实验组的问卷设计如图 4.2 所示：

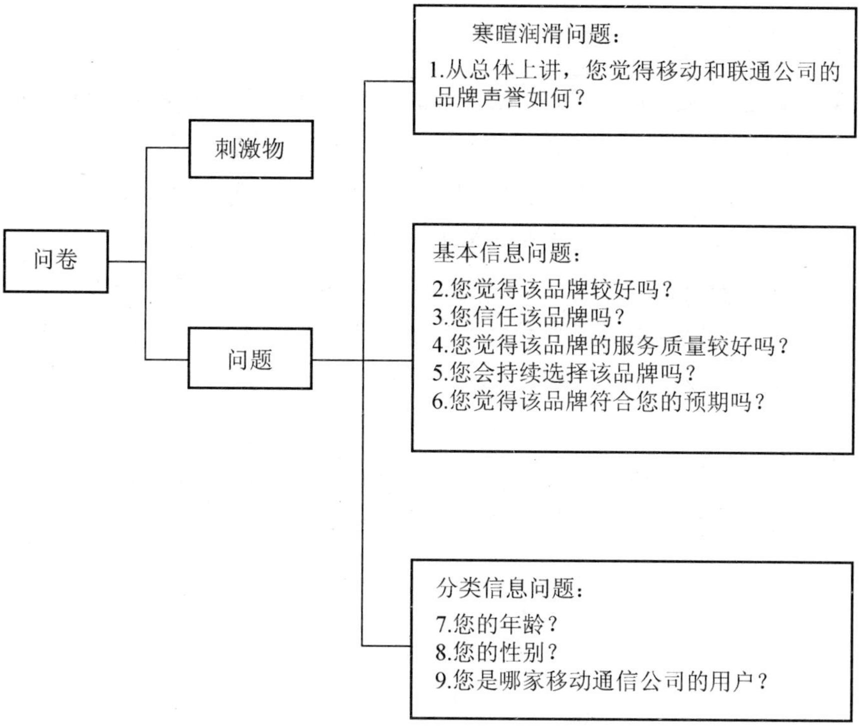

（注：问题前的数字代表了布局的先后顺序，数字越小越靠前）

图 4.2　问卷设计

第七节　抽样设计

抽样设计包括四项工作：定义目标总体、选择抽样技术、确定样本数量和执行抽样过程。

第一是目标总体（target population）的定义。目标总体的界定通常需要从个体（element）、抽样单位（sample unit）、范围（scope）和时间（time）四个方面来界定。本研究的目标总体界定如下：

个　　体：地震期间受到通信阻塞影响的个人

抽样单位：单个个人

范　　围：成都市

时　　间：2008 年 07 月

第二是抽样技术的选择。本研究同时研究选择配额抽样和简单随机抽样技术。对于每个试验组，指定发放 50 份问卷，占所有问卷的 1/4。访问员在商业区、学校、公园等地随机进行拦截访问，如果被访者拿到问卷是“组 11”，那么该被访者就属于 EG_{11}；其他各实验组的个体确定，依此类推。

第三是样本数量（sample size）的确定。通过对每个研究组发放了 50 份问卷，调查者期望获得每一消费者对品牌期望的问卷 100 份（低期望消费者和高期望消费者各 100 份），每种购买量水平的问卷 100 份（重度消费者和轻度消费者各 100 份）。

第四是执行抽样过程。整个抽样过程分别在成都的一所大学、一个公园和两个超市附近进行。对所有的调查对象，研究人员在征得其同意以后，让其阅读刺激物，并请其回答问题。

第八节　数据分析

整个数据分析分为三个部分：样本概况的介绍、个体差异对顾客感知危险的影响分析、个体差异对顾客购买意愿的影响分析。在数据分析中，为了检验研究假设中的“因果关系”，本研究将采用多因素方差分析来进行检验。

一、样本概况与信度分析

在访谈了 289 个实验对象后，本研究获得了与实验设计一致的 4 组，每组 50 份，共 200 份有效问卷。整个样本的概况如下：

在问卷设计上，测量题项共十项，对整个品牌资产的整体及五个子维度进行测量；因此首先对整个量表进行信度检验。通过 SPSS16.0 进行检验，整体品牌资产 Cronbach’s Alpha 值为 0.982，品牌资产各个维度的 Cronbach’s Alpha 值也都大于 0.9，说明量表的一致性较高。

表 4.3　样本基本信息统计表

		频数	百分比（%）	累积百分比（%）
性别	男性	88	44.0	44.0
	女性	112	56.0	100.0
年龄	15－29	71	35.5	35.5
	30－44	71	35.5	71.0
	45－59	49	24.5	95.5
	＞59	9	4.5	100.0
学历	初中以下	26	13.0	13.0
	中专/高中	61	30.5	43.5
	大专	45	22.5	66.0
	本科	53	26.5	92.5
	硕士及以上	15	7.5	100.0
收入	＜1000	40	20.0	20.0
	1000－2000	87	43.5	63.5
	3000－5000	43	21.5	85.0
	5000－8000	27	13.5	98.5
	＞8000	3	1.5	100.0
缺点		0	0	0
总计		200	100.0	100

二、因子分析

对于观测变量我们根据前人研究用十个题项来测量，因此首先进行因子分析。通过 SPSS 我们进行了因子分析，得到结果如下。

对于总体十个题项，KMO 值为 0.954，根据主成分法进行因子提取，提取了特征值大于 1 的因子有一个，共解释方差 87%，即为品牌资产。同时根据问卷的设置，对品牌资产的品牌态度、品牌信任、感知质量分别进行了因子分析，都提取了一个因子，另外购买意愿、品牌合意性均只有一个题项测量，没有进行因子分析，这样问卷一共形成品牌资产及五个子维度品牌态度、品牌信任、感知质量、购买意向、品牌合意性。

本研究进行描述性统计分析，以便了解每一组的概况。如表 4.4 所示，从各组的品牌资产及各个子维度平均值来看，品牌资产及各个子维度伴随消费者购买量增长受损程度降低；品牌资产及各个子维度，若品牌期望高，则受损程度降低。（注：根据量表，分值越小，品牌资产受损程度越小）。

表 4.4　描述性统计

组别		品牌态度	品牌信任	感知质量	购买意向	品牌合意性	品牌资产
	均值	.5565189	.1708642	.5748567	4.5600	3.9800	.4595872
	样本数	50	50	50	50	50	50
	标准差	1.02526840	1.01096028	.97973957	1.23156	1.28556	1.03292434
	均值	-.2006620	.0264897	.0663192	4.1200	3.4200	-.0070572
	样本数	50	50	50	50	50	50
	标准差	.96799714	1.08590601	.92033794	1.00285	1.17959	.98961263
	均值	.1091129	-.0180701	.0609002	3.7600	3.1600	.0118731
	样本数	50	50	50	50	50	50
	标准差	.92398557	.99222682	.96256273	1.07968	1.14927	.96261585
	均值	-.4649698	-.1792838	-.7020761	3.3400	2.5600	-.4644031
	样本数	50	50	50	50	50	50
	标准差	.79334905	.90102145	.69234301	1.09935	.86094	.80779456
合计	均值	.0000000	.0000000	.0000000	3.9450	3.2800	.0000000
	样本数	200	200	200	200	200	200
	标准差	1.00000000	1.00000000	1.00000000	1.18702	1.23256	1.00000000

在此基础上，本研究将对品牌资产的五个维度以及总的品牌资产进行检验。

三、个体差异对品牌态度的影响分析

由于本研究需要测试变量（消费者对品牌的期望和消费者购买量）的不同取值水平是否给观察变量（品牌态度）造成显著差异，所以适合于采用多因素方差分析来检验假设。

本研究首先对方差分析的前提条件进行检验。方差分析的前提条件是各个水平下（组别）的总体服从方差相等的正态分布；其中对于正态分布的要求并不是很严格，但是对于方差相等的要求比较严格。对于方差相等的检验，采用的是方差齐性检验（Homogeneity of variance test）方法。通过 SPSS16.0 的分析，计算方差检验结果，如表 4.5 所示。由于方差齐性检验的零假设为各水平总体下总体方差没有显著差异，由于各个变量的 Sig 均大于 0.05，因此可以认为各个组的总体方差相等，满足方差检验的前提条件。

表 4.5　方差齐性检验

	Levene Statistic	df1	df2	Sig.
品牌态度	716	3	196	.544

首先我们分别对品牌态度进行分析。先对品牌态度进行 F 检验分析。表 4.6为 F 检验的结果，是多因素方差分析的主要结果。由于指定建立了饱和模型，因此总的离差平方和分为三个部分：多个控制变量对观察变量的独立作用部分，多个控制变量的交叉作用部分以及随机变量影响部分。

关于多个控制变量对观察变量的独立作用部分，通过表 4.6 可以看出消费者购买量与品牌期望对品牌态度产生了显著影响。

关于多个控制变量的交叉作用部分，这里消费者购买量差异和品牌期望差异的交叉作用的 F 值和相伴概率分别为 0.483 和 0.488，这表明它们的交互作用没有对观察结果产生显著的影响。

关于随机变量影响部分（也就是 Error 部分），其所贡献的离差平方和为 170.096，均方为 0.868，随机变量在本次实验中得到了较好的控制。

表 4.6　多元方差分析（因变量：品牌态度）

方差来源	总方差	自由度	均方	F	Sig.
修正模型	28.904[a]	3	9.635	11.102	.000
截距项	.000	1	.000	.000	1.000
品牌期望	6.332	1	6.332	7.296	.008
购买量	22.153	1	22.153	25.527	.000
品牌期望×购买量	.419	1	.419	.483	.488
误差	170.096	196	.868		
总计	199.000	200			
校正的总计	199.000	199			

a. R^2 =.145（调整后的 R^2 =.132）

然后，用 LSD 方法比较不同组别对观察变量的影响。表 4.7 是 LSD 法多重比较的结果。从该结果可以看出，除 EG_{12} 与 EG_{21} 组之间无显著差异、EG_{11} 与 EG_{21} 组之间无显著差异外，其余各组具有显著差异。说明高品牌期望低购买量与低品牌期望高购买量之间对品牌态度无显著差异，同时同为轻度购买者，品牌期望的高低对品牌态度无显著影响。

根据研究假设，H_{1a} 得到验证，H_{2a} 得到部分验证，即重度消费者得到验证，而轻度消费者没有通过假设；但由于两个自变量并没有产生交叉作用，部分通过验证的结果在实验内得不到解释，因此认为 H_{2a} 没有得到验证。

表 4.7　多重比较结果（因变量：品牌态度）

(I) 组别	(J) 组别	平均差 (I－J)	标准误	Sig.	95% 置信区间	
					下边界	上边界
EG_{22}	EG_{21}	.75718096 *	.18631548	.000	.3897405	1.1246214
	EG_{12}	.44740600 *	.18631548	.017	.0799656	.8148464
	EG_{11}	1.02148873 *	.18631548	.000	.6540483	1.3889292
EG_{21}	EG_{22}	-.75718096 *	.18631548	.000	-1.1246214	-.3897405
	EG_{12}	-.30977497	.18631548	.098	-.6772154	.0576655
	EG_{11}	.26430776	.18631548	.158	-.1031327	.6317482
EG_{12}	EG_{22}	-.44740600 *	.18631548	.017	-.8148464	-.0799656
	EG_{21}	.30977497	.18631548	.098	-.0576655	.6772154
	EG_{11}	.57408273 *	.18631548	.002	.2066423	.9415232
EG_{11}	EG_{22}	-1.02148873 *	.18631548	.000	-1.3889292	-.6540483
	EG_{21}	-.26430776	.18631548	.158	-.6317482	.1031327
	EG_{12}	-.57408273 *	.18631548	.002	-.9415232	-.2066423

* 均值差异在 0.05 的水平显著。

四、个体差异对品牌信任的影响分析

由于本研究需要测试变量（消费者对品牌的期望和消费者购买量）的不同取值水平是否给观察变量（品牌信任）造成显著差异，所以适合于采用多因素方差分析来检验假设。

本研究首先对方差分析的前提条件进行检验。通过 SPSS16.0 的分析，计算方差检验结果，如表 4.8 所示。由于方差齐性检验的零假设为各水平总体下总体方差没有显著差异，由于各个变量的 Sig 均大于 0.05，因此可以认为各个组的总体方差相等，满足方差检验的前提条件。

表 4.8 方差齐性检验

	Levene Statistic	df1	df2	Sig.
品牌信任	.302	3	196	.824

对品牌信任进行 *F* 检验分析。表 4.9 为 *F* 检验的结果，是多因素方差分析的主要结果。由于指定建立了饱和模型，因此总的离差平方和分为三个部分：多个控制变量对观察变量的独立作用部分，多个控制变量的交叉作用部分以及随机变量影响部分。

关于多个控制变量对观察变量的独立作用部分，通过表 4.9 可以看出消费者购买量与品牌期望对品牌信任均无显著影响。

关于多个控制变量的交叉作用部分，这里消费者购买量差异和品牌期望差异的交叉作用的 *F* 值和相伴概率分别为 0.004 和 0.953，这表明它们的交互作用没有对观察结果产生显著的影响。

表 4.9 多元方差分析（因变量：品牌信任）

方差来源	总方差	自由度	均方	*F*	Sig.
修正模型	3.118[a]	3	1.039	1.040	.376
截距项	.000	1	.000	.000	1.000
品牌期望	1.947	1	1.947	1.949	.164
购买量	1.167	1	1.167	1.168	.281
品牌期望 × 购买量	.004	1	.004	.004	.953
误差	195.882	196	.999		
总计	199.000	200			
校正的总计	199.000	199			

a. R^2 =.016（调整后的 R^2 =.001）

关于随机变量影响部分（也就是 Error 部分），其所贡献的离差平方和为195.882，均方为0.999，随机变量在本次实验中得到了较好的控制。

因此，可以看出两个自变量（消费者购买量与品牌期望）对品牌信任无显著影响。H_{1b}与H_{2b}均没有通过假设。

五、个体差异对感知质量的影响分析

由于本研究需要测试变量（消费者对品牌的期望和消费者购买量）的不同取值水平是否给观察变量（感知质量）造成显著差异，所以适合于采用多因素方差分析来检验假设。

本研究首先对方差分析的前提条件进行检验。通过 SPSS16.0 的分析，计算方差检验结果，如表4.10 所示。由于方差齐性检验的零假设为各水平总体下总体方差没有显著差异，由于各个变量的 Sig 均大于0.05，因此可以认为各个组的总体方差相等，满足方差检验的前提条件。

表4.10　方差齐性检验

	Levene Statistic	df1	df2	Sig.
感知质量	2.637	3	196	.051

对感知质量进行 F 检验分析。表4.11 为 F 检验的结果，是多因素方差分析的主要结果。由于指定建立了饱和模型，因此总的离差平方和分为三个部分：多个控制变量对观察变量的独立作用部分，多个控制变量的交叉作用部分以及随机变量影响部分。

关于多个控制变量对观察变量的独立作用部分，通过表4.11 可以看出消费者购买量与品牌期望对感知质量产生了显著影响。

关于多个控制变量的交叉作用部分，这里消费者购买量差异和品牌期望差异的交叉作用的 F 值和相伴概率分别为1.008 和0.317，这表明它们的交互作用没有对观察结果产生显著的影响。

关于随机变量影响部分（也就是 Error 部分），其所贡献的离差平方和为157.426，均方为0.803，随机变量在本次实验中得到了较好的控制。

表 4.11　多元方差分析（因变量：感知质量）

方差来源	总方差	自由度	均方	F	Sig.
修正模型	41.574[a]	3	13.858	17.254	.000
截距项	.000	1	.000	.000	1.000
品牌期望	20.555	1	20.555	25.592	.000
购买量	20.209	1	20.209	25.161	.000
品牌期望×购买量	.809	1	.809	1.008	.317
误差	157.426	196	.803		
总计	199.000	200			
校正的总计	199.000	199			

a. R^2 = .209（调整后的 R^2 = .197）

然后，用 LSD 方法比较不同组别对观察变量的影响。表 4.12 是 LSD 法多重比较的结果。从该结果可以看出，除 EG_{12} 与 EG_{21} 组之间无显著差异外，其余各组具有显著差异。即 H_{1c}、H_{2c} 均得到验证。

表 4.12　多重比较结果（因变量：感知质量）

(I) 组别	(J) 组别	平均差 (I-J)	标准误	Sig.	95% 置信区间	
					下边界	上边界
EG_{22}	EG_{21}	.50853757*	.17924222	.005	.1550466	.8620285
	EG_{12}	.51395657*	.17924222	.005	.1604656	.8674475
	EG_{11}	1.27693281*	.17924222	.000	.9234418	1.6304238
EG_{21}	EG_{22}	-.50853757*	.17924222	.005	-.8620285	-.1550466
	EG_{12}	.00541900	.17924222	.976	-.3480720	.3589100
	EG_{11}	.76839523*	.17924222	.000	.4149043	1.1218862
EG_{12}	EG_{22}	-.51395657*	.17924222	.005	-.8674475	-.1604656
	EG_{21}	-.00541900	.17924222	.976	-.3589100	.3480720
	EG_{11}	.76297624*	.17924222	.000	.4094853	1.1164672
EG_{11}	EG_{22}	-1.27693281*	.17924222	.000	-1.6304238	-.9234418
	EG_{21}	-.76839523*	.17924222	.000	-1.1218862	-.4149043
	EG_{12}	-.76297624*	.17924222	.000	-1.1164672	-.4094853

*均值差异在 0.05 的水平显著。

六、个体差异对购买意向的影响分析

由于本研究需要测试变量（消费者对品牌的期望和消费者购买量）的不同取值水平是否给观察变量（购买意向）造成显著差异，所以适合于采用多因素方差分析来检验假设。

本研究首先对方差分析的前提条件进行检验。通过 SPSS16.0 的分析，计算方差检验结果，如表 4.13 所示。由于方差齐性检验的零假设为各水平总体下总体方差没有显著差异，由于各个变量的 Sig 均大于 0.05，因此可以认为各个组的总体方差相等，满足方差检验的前提条件。

表 4.13　方差齐性检验

	Levene Statistic	df1	df2	Sig.
购买意向	1.289	3	196	.279

对购买意向进行 F 检验分析。表 4.14 为 F 检验的结果，是多因素方差分析的主要结果。由于指定建立了饱和模型，因此总的离差平方和分为三个部分：多个控制变量对观察变量的独立作用部分，多个控制变量的交叉作用部分以及随机变量影响部分。

关于多个控制变量对观察变量的独立作用部分，通过表 4.14 可以看出消费者购买量与品牌期望对购买意向产生了显著影响。

关于多个控制变量的交叉作用部分，这里消费者购买量差异和品牌期望差异的交叉作用的 F 值和相伴概率分别为 0.004 和 0.949，这表明它们的交互作用没有对观察结果产生显著的影响。

关于随机变量影响部分（也就是 Error 部分），其所贡献的离差平方和为 239.940，均方为 1.224，随机变量在本次实验中得到了较好的控制。

表 4.14　多元方差分析（因变量：购买意向）

方差来源	总方差	自由度	均方	F	Sig.
修正模型	40.455[a]	3	13.485	11.016	.000
截距项	3112.605	1	3112.605	2542.596	.000
品牌期望	31.205	1	31.205	25.490	.000

续 表

方差来源	总方差	自由度	均方	F	Sig.
购买量	9.245	1	9.245	7.552	.007
品牌期望×购买量	.005	1	.005	.004	.949
误差	239.940	196	1.224		
总计	3393.000	200			
校正的总计	280.395	199			

a. R^2 =.144（调整后的 R^2 =.131）

然后，用LSD方法比较不同组别对观察变量的影响。表4.15是LSD法多重比较的结果。从该结果可以看出，除EG_{11}与EG_{12}无显著差异、EG_{12}与EG_{21}组之间无显著差异外，其余各组具有显著差异。EG_{11}与EG_{12}无显著差异说明同为低品牌期望产品，消费者购买量差异对购买意向没有显著影响，高品牌期望低购买量与低品牌期望高购买量之间对品牌态度无显著差异。

从LSD分析来看，H_{2d}通过验证，H_{1d}部分通过假设，即高品牌期望通过验证，低品牌期望没有通过验证；但由于两个自变量并没有产生交叉作用，部分通过验证的结果在实验内得不到解释，因此认为H_{1d}没有通过验证。

表4.15 多重比较结果（因变量：购买意向）

（I）组别	（J）组别	平均差（I-J）	标准误	Sig.	95%置信区间	
					下边界	上边界
EG_{22}	EG_{21}	.44000*	.22129	.048	.0036	.8764
	EG_{12}	.80000*	.22129	.000	.3636	1.2364
	EG_{11}	1.22000*	.22129	.000	.7836	1.6564
EG_{21}	EG_{22}	-.44000*	.22129	.048	-.8764	-.0036
	EG_{12}	.36000	.22129	.105	-.0764	.7964
	EG_{11}	.78000*	.22129	.001	.3436	1.2164
EG_{12}	EG_{22}	-.80000*	.22129	.000	-1.2364	-.3636
	EG_{21}	-.36000	.22129	.105	-.7964	.0764
	EG_{11}	.42000	.22129	.059	-.0164	.8564
EG_{11}	EG_{22}	-1.22000*	.22129	.000	-1.6564	-.7836
	EG_{21}	-.78000*	.22129	.001	-1.2164	-.3436
	EG_{12}	-.42000	.22129	.059	-.8564	.0164

*均值差异在0.05的水平显著。

七、个体差异对品牌合意性的影响分析

由于本研究需要测试变量（消费者对品牌的期望和消费者购买量）的不同取值水平是否给观察变量（品牌合意性）造成显著差异，所以适合于采用多因素方差分析来检验假设。

本研究首先对方差分析的前提条件进行检验。通过 SPSS16.0 的分析，计算方差检验结果，如表 4.16 所示。由于方差齐性检验的零假设为各水平总体下总体方差没有显著差异，由于各个变量的 Sig 均大于 0.05，因此可以认为各个组的总体方差相等，满足方差检验的前提条件。

表 4.16　方差齐性检验

	Levene Statistic	df1	df2	Sig.
品牌合意性	2.208	3	196	.088

对品牌合意性进行 F 检验分析。表 4.17 为 F 检验的结果，是多因素方差分析的主要结果。由于指定建立了饱和模型，因此总的离差平方和分为三个部分：多个控制变量对观察变量的独立作用部分，多个控制变量的交叉作用部分以及随机变量影响部分。

关于多个控制变量对观察变量的独立作用部分，通过表 4.17 可以看出消费者购买量与品牌期望对品牌合意性产生了显著影响。

关于多个控制变量的交叉作用部分，这里消费者购买量差异和品牌期望差异的交叉作用的 F 值和相伴概率分别为 .016 和 0.901，这表明它们的交互作用没有对观察结果产生显著的影响。

关于随机变量影响部分（也就是 Error 部分），其所贡献的离差平方和为 250.200，均方为 1.277，随机变量在本次实验中得到了较好的控制。

表 4.17　多元方差分析（因变量：品牌合意性）

方差来源	总方差	自由度	均方	F	Sig.
修正模型	52.120[a]	3	17.373	13.610	.000
截距项	2151.680	1	2151.680	1685.569	.000
品牌期望	35.280	1	35.280	27.637	.000

续　表

方差来源	总方差	自由度	均方	*F*	Sig.
购买量	16. 820	1	16. 820	13. 176	. 000
品牌期望×购买量	. 020	1	. 020	. 016	. 901
误差	250. 200	196	1. 277		
总计	2454. 000	200			
校正的总计	302. 320	199			
a. R^2 =. 172（调整后的 R^2 =. 160）					

然后，用 LSD 方法比较不同组别对观察变量的影响。表 4. 18 是 LSD 法多重比较的结果。从该结果可以看出，EG_{12}与 EG_{21}组无显著差异外，其余各组具有显著差异。说明高品牌期望低购量与低品牌期望高购买量之间对品牌态度无显著差异。

即 H_{1e}、H_{2e}均完全通过验证。

表 4. 18　多重比较结果（因变量：品牌合意性）

（I）组别	（J）组别	平均差（I－J）	标准误	Sig.	95% 置信区间	
					下边界	上边界
EG_{22}	EG_{21}	. 56000*	. 22597	. 014	. 1144	1. 0056
	EG_{12}	. 82000*	. 22597	. 000	. 3744	1. 2656
	EG_{11}	1. 42000*	. 22597	. 000	. 9744	1. 8656
EG_{21}	EG_{22}	–. 56000*	. 22597	. 014	–1. 0056	–. 1144
	EG_{12}	. 26000	. 22597	. 251	–. 1856	. 7056
	EG_{11}	. 86000*	. 22597	. 000	. 4144	1. 3056
EG_{12}	EG_{22}	–. 82000*	. 22597	. 000	–1. 2656	–. 3744
	EG_{21}	–. 26000	. 22597	. 251	–. 7056	. 1856
	EG_{11}	. 60000*	. 22597	. 009	. 1544	1. 0456
EG_{11}	EG_{22}	–1. 42000*	. 22597	. 000	–1. 8656	–. 9744
	EG_{21}	–. 86000*	. 22597	. 000	–1. 3056	–. 4144
	EG_{12}	–. 60000*	. 22597	. 009	–1. 0456	–. 1544

* 均值差异在 0. 05 的水平显著。

八、个体差异对品牌资产的影响分析

由于本研究需要测试变量（消费者对品牌的期望和消费者购买量）的不同取值水平是否给观察变量（品牌资产）造成显著差异，所以适合于采用多因素方差分析来检验假设。

本研究首先对方差分析的前提条件进行检验。通过 SPSS16.0 的分析，计算方差检验结果，如表 4.19 所示。由于方差齐性检验的零假设为各水平总体下总体方差没有显著差异，由于各个变量的 Sig 均大于 0.05，因此可以认为各个组的总体方差相等，满足方差检验的前提条件。

表 4.19　方差齐性检验

	Levene Statistic	df1	df2	Sig.
品牌资产	.981	3	196	.403

最后对品牌资产进行 F 检验分析。表 4.20 为 F 检验的结果，是多因素方差分析的主要结果。由于指定建立了饱和模型，因此总的离差平方和分为三个部分：多个控制变量对观察变量的独立作用部分，多个控制变量的交叉作用部分以及随机变量影响部分。

关于多个控制变量对观察变量的独立作用部分，消费者购买量差异的离差平方和为 11.14，均方为 11.114；品牌期望差异的离差平方和为 10.239，均方为 10.239；它们的 F 值和相伴概率分别为 12.262、0.001 和 11.297、0.001，这说明消费者购买量与品牌期望对品牌资产产生了显著影响。

关于多个控制变量的交叉作用部分，这里消费者购买量差异和品牌期望差异的交叉作用的离差平方和为 0.001，均方为 0.001。F 值和相伴概率分别为 0.001 和 0.972，这表明它们的交互作用没有对观察结果产生显著的影响。

关于随机变量影响部分（也就是 Error 部分），其所贡献的离差平方和为 177.646，均方为 0.906，说明随机变量影响部分对品牌资产的影响是比较小的，随机变量在本次实验中得到了较好的控制。

表 4.20　多元方差分析（因变量：品牌资产）

方差来源	总方差	自由度	均方	F	Sig.
修正模型	21.354[a]	3	7.118	7.853	.000
截距项	.000	1	.000	.000	1.000
品牌期望	10.239	1	10.239	11.297	.001
购买量	11.114	1	11.114	12.262	.001
品牌期望 × 购买量	.001	1	.001	.001	.972
误差	177.646	196	.906		
总计	199.000	200			
校正的总计	199.000	199			

然后，本研究以 LSD 方法比较不同组别对观察变量的影响。表 4.21 是 LSD 法多重比较的结果。从该结果可以看出，除 EG_{12} 与 EG_{21} 组之间无显著差异外，其余各组具有显著差异。说明高品牌期望低购买量与低品牌期望高购买量之间对品牌态度无显著差异。

H_1 与 H_2 均完全通过假设。

表 4.21　多重比较结果分析（因变量：品牌资产）

（I）组别	（J）组别	平均差（I－J）	标准误	Sig.	95% 置信区间	
					下边界	上边界
EG_{22}	EG_{21}	.46664441 *	.19040555	.015	.0911378	.8421510
	EG_{12}	.44771408 *	.19040555	.020	.0722075	.8232207
	EG_{11}	.92399027 *	.19040555	.000	.5484836	1.2994969
EG_{21}	EG_{22}	−.46664441 *	.19040555	.015	−.8421510	−.0911378
	EG_{12}	−.01893033	.19040555	.921	−.3944370	.3565763
	EG_{11}	.45734586 *	.19040555	.017	.0818392	.8328525
EG_{12}	EG_{22}	−.44771408 *	.19040555	.020	−.8232207	−.0722075
	EG_{21}	.01893033	.19040555	.921	−.3565763	.3944370
	EG_{11}	.47627619 *	.19040555	.013	.1007696	.8517828
EG_{11}	EG_{22}	−.92399027 *	.19040555	.000	−1.2994969	−.5484836
	EG_{21}	−.45734586 *	.19040555	.017	−.8328525	−.0818392
	EG_{12}	−.47627619 *	.19040555	.013	−.8517828	−.1007696

第九节　讨论与启示

以往的研究虽已检验了不同产品伤害危机及其应对方式会对品牌资产的影响，但还没有学者研究产品伤害危机对品牌资产的影响；此外，虽有学者研究了在产品伤害危机中消费者个体差异对购买意愿等营销变量的影响，但却没有学者研究个体差异对品牌资产的影响。这使得笔者开始推测，在产品伤害危机中，个体差异是否会影响品牌资产。

首先，本研究通过对消费者购买量和选择性注意对品牌资产的影响两方面的探索性文献研究，得出了 12 个假设：H_1：在产品伤害危机中，与轻度消费者相比，基于重度消费者的品牌资产受损程度更小；H_{1a}：在产品伤害危机中，与轻度消费者相比，重度消费者的品牌态度受损程度更小；H_{1b}：在产品伤害危机中，与轻度消费者相比，重度消费者的品牌信任降低程度更小；H_{1c}：在产品伤害危机中，与轻度消费者相比，重度消费者的感知质量降低程度更小；H_{1d}：在产品伤害危机中，与轻度消费者相比，重度消费者的购买意愿降低程度更小；H_{1e}：在产品伤害危机中，与轻度消费者相比，重度消费者的品牌合意性降低程度更小；H_2：在产品伤害危机中，消费者对品牌的期望越高，其品牌资产受损程度越小；H_{2a}：在产品伤害危机中，消费者对品牌的期望越高，其品牌态度受损程度越小；H_{2b}：在产品伤害危机中，消费者对品牌的期望越高，其品牌信任降低程度越小；H_{2c}：在产品伤害危机中，消费者对品牌的期望越高，其感知质量降低程度越小；H_{2d}：在产品伤害危机中，消费者对品牌的期望越高，其购买意愿降低程度越小；H_{2e}：在产品伤害危机中，消费者对品牌的期望越高，其品牌合意性降低程度越小。

由于这 12 个假设内涵的都是因果关系，所以本研究必须采用实验法对假设进行验证。在实验法的范畴内，本研究选择了“现场实验法”和“因子设计”，选择现场实验法是为获得较高的外部效度，选择因子设计是因为本研究需要处理不同级别的两个或两个以上的自变量的影响。

研究方法确定以后，本研究进行了刺激物的设计和选择。本研究以“5·12”

汶川大地震中移动通信阻塞问题为背景事件，以中国移动和中国联通两个品牌、每月不同通信消费额度的客户为实验对象，然后要求实验对象阅读一段启发性文字、回忆地震期间的通信阻塞情况，并根据情景信息回答问题，完成相应态度测量。

在问卷和量表的设计上，本研究期望获得两大类信息，并因此设计了三大类问题。期望从问卷中获得的信息可以分为两类：基础信息和分类信息。设计的三大类问题分别为：寒暄润滑问题、基本信息问题、分类信息问题。基本信息问题和分类信息问题的设计都是参照了 Dawar 和 Pilluta（2000）在调查可辩解型产品伤害危机对品牌资产的影响时使用的调查问题和相关量表，以便保持产品伤害危机这一领域的研究连续性。

在抽样设计时，本研究将目标总体确定为“地震期间在成都市的手机用户”的男性和女性，并选择了配额抽样和简单随机抽样技术。

在数据分析时，为了检验 12 个假设中隐含的因果关系，本研究采用多因素方差分析来进行检验。数据分析结果显示，H_1、H_2、H_{1a}、H_{1c}、H_{2c}、H_{2d}、H_{1e}和 H_{2e}均完全通过假设，H_{2a}得到部分验证，H_{1b}、H_{2b}和 H_{1d}均没有通过假设。

基于 12 个假设的验证结果，本研究进一步总结出两点研究结论：（1）在产品伤害危机中，与轻度消费者相比，重度消费者会在更大程度上维持对品牌态度、感知质量、品牌合意性的认知，基于重度消费者的品牌资产受损程度也更小。这样的结果，可以从社会心理学的角度得到解释。社会心理学研究表明，行为会影响态度，因此，危机发生前的重度购买行为会形成对产品的正面态度；在可辩解性产品伤害危机发生以后，虽然客户接受到了负面信息，但为了减少自身的焦虑情绪和不协调感，重度消费者会在更大程度上维持对产品品牌的知识构成。（2）在产品伤害危机中，消费者对品牌的期望越高，会在更大程度上维持对感知质量、购买意向、品牌合意性的认知，其品牌资产受损程度也越小。形成这样结果，也可以从社会心理学的角度得到解释。由于先前的期望强度不同，人会选择性地注意外部信息，导致对客观现象的解释存在很大差异。当消费者对品牌期望较高时，更容易触发选择性注意效应，更倾向于注意对品牌的有利信息，维持品牌知识的构成，其品牌资产的受损程度也相对更小。

第十节　局限与展望

在获得两点研究结论的同时，本研究也存在一些研究缺陷。第一，在研究方法上，以特殊地震通信阻塞事件为背景，以真实运营商品牌作为刺激物，外部效度有限，研究结果的普适性有待在其他行业验证，尤其是代表性更广的快速消费品行业。第二，本研究只探讨了在可辩解型产品伤害危机中消费者个体差异对品牌资产的影响，尚未研究媒体报道和企业应对方式等其他因素对品牌资产的影响；对于这一问题，将在后续研究中加以探讨。

第五章 产品伤害危机应对策略对品牌资产的影响研究

第一节 引 言

产品伤害危机（product harm crisis）是指偶尔出现并被广泛宣传的关于某个产品是有缺陷或是对消费者有危险的事件（Siomkos 和 Kurzbard，1994）。品牌资产是沉淀企业信誉、累积企业资产的重要载体。它构建于消费者的信念和品牌知识之上，是一种重要但却脆弱的无形资产（Keller，1993）。创建品牌资产需要多年的努力，但毁掉它却只需经历一场产品伤害危机，三鹿奶粉、三株口服液都是典型的案例。但迄今为止，对如何有效应对产品伤害危机这一问题，企业间仍然存在不同的理解。对于现实中差异如此大的应对策略，我们不禁思考：哪种应对策略能在更大程度上保护企业的品牌资产？

对于这一问题，过去的研究还不能提供确切答案。首先，就产品伤害危机的应对策略研究而言，已经有学者讨论了危机应对策略对购买意愿（Siomkos 和 Kurzbard，1994）、消费者考虑集和感知危险的影响（王晓玉、晁钢令和吴纪元，2006），但这些研究，一是对现实中的应对策略涵盖不够全面，二是没有将品牌资产作为研究的因变量。其次，就产品伤害危机对品牌资产的影响研究而言，有学者探讨了消费者期望对品牌资产的调节作用（Dawar 和 Pillutla，2000），有学者探讨了行为承诺对品牌资产的影响机制，却没有对比不同应对策略对品牌资产的差异性影响（吴旭明、方正和李蔚等，2008）。因此，如何应对产品伤害危机以有效保护品牌资产，仍然是需要探索的问题。

第二节　理论和现实背景

一、产品伤害危机及其负面影响

现有研究已从八个方面对产品伤害危机及其负面影响展开分析：

一是产品伤害危机的分类。“产品缺陷或伤害是否违反相关产品法规或安全标准”是产品伤害危机的分类标准（Bradford 和 Garrett，1995；Smith，2003；方正，2007）。结合中国案例，方正（2007）进一步对两类产品伤害危机进行了举例说明：一方面，如果产品违反了某项产品法规或者安全标准，不管公司如何辩解，都逃不开“产品有害”的事实。在这种情况下，公司无法通过辩解而消除顾客对产品缺陷和伤害的感知危险，这种产品伤害危机属于不可辩解型产品伤害危机。典型的案例类似于 2006 年的“汇源果汁菌落总数超标危机”。在“汇源果汁菌落总数超标危机”中，权威部门检测菌落总数超过国家标准上千倍，在这样的背景下，汇源集团是无法通过辩解和澄清来证明产品无害的，因此，该危机属于不可辩解型产品伤害危机。另一方面，与“汇源果汁菌落总数超标危机”不同的是，在“芬达、美年达致癌危机”中，虽然芬达和美年达含有涉嫌致癌的苯，但是由于苯含量在国家颁布的饮用水标准范围内，因此，可口可乐公司和百事可乐公司仍然可以通过自己解释和行业组织澄清来降低消费者的感知危险以维持市场份额。通过自身澄清和行业协会的澄清，可口可乐、百事可乐顺利规避了本次可辩解型产品伤害危机的负面影响，这与汇源果汁在“汇源果汁菌落总数超标危机”的处境完全不同。

二是感知危险。首先，从企业角度来看，在产品伤害危机中，企业的社会责任感水平越高，消费者的感知风险越小（Vassilikopoulou，Siomkos，Chatzipanagiotou 和 Pantouvakis，2009）。在应对可辩解型产品伤害危机时，有外界澄清比企业独自应对更能缓解消费者的感知危险（方正，2007）；在应对不可辩解型产品伤害危机时，主动召回产品、积极承担责任能有效减低消费者感知危险（Siomkos 和 Kurzbard，1994）。其次，从消费者角度来看，在产品伤害危机中，消费者品牌忠诚越高，感知损失越少，感知危险越小（曾旺明和李蔚，2008）；如果对同类产品的使用量越多，消费者的感知危险越小（Cleeren, Dekimpe 和 Helsen，2008）；老年消费者（60 岁及以上）对于产品伤害危机的感知危险明显高于中年消费者（45 岁到 59 岁）和青年消费者（44 岁及以下）（方正，2006）。

三是消费者抱怨行为。处于个人主义社会中的消费者更可能会把产品伤害危机的责任归结给企业，而处于集体主义社会中的消费者更可能会把产品伤害危机的责任归结给企业以外的情境因素，从而在抱怨的对象和程度上表现出不同（Laufer，2002）。当大家不清楚是由企业、消费者还是情境因素造成产品伤害危机的时候，女性消费者对企业的抱怨要比男性消费者多一些（Laufer 和 Gillespie，2004）。

四是消费者忠诚度。消费者的品牌忠诚度越高，越能维持对产品的认知价值判断（吴峰，2008）。Cleeren，Dekimpe 和 Helsen（2008）进一步指出：（1）危机前的品牌忠诚度和熟悉度对产品伤害危机有重要的缓冲作用，但是该作用随时间而减弱；（2）重度使用者比轻度使用者会更早地购买受影响品牌，除非在危机中他们的使用量急剧减少；（3）品牌广告对强势品牌有效，对弱势品牌无效。

五是消费者考虑集。产品伤害危机会让消费者感知到危险；而感知危险会影响一个品牌能否进入消费者考虑集（Erdem，Swait 和 Iacobucci，2004）。在此基础上，王晓玉、晁钢令和吴纪元（2006）通过实证研究发现：可辩解型产品伤害危机会对产品进入消费者的考虑集产生负面影响。

六是消费者购买意愿。企业声誉越高、社会责任感水平越高，则消费者的购买意愿维持力度更强（Siomkos 和 Kurzbard，1994；Vassilikopoulou，Siomkos，Chatzipanagiotou 和 Pantouvakis，2009）。除非重度消费者的使用量急剧减少，他们会比轻度使用者更早地购买受影响品牌，也就是说他们的购买意愿恢复更快（Cleeren，Dekimpe 和 Helsen，2008）。此外，老年消费者（60 岁及以上）的购买意愿受损程度显著高于青年消费者（44 岁及以下）和中年消费者（45 岁到 59 岁）（方正、李蔚和李珊，2007）。

七是消费者态度。在可辩解型产品伤害危机中，王晓玉和晁钢令（2008）研究了口碑方向对消费者态度的影响。他们认为口碑方向对消费者的态度有显著影响，而负向口碑比正向口碑的影响力更大，即存在明显的“负向消息效应”。且企业应对危机时所表现的努力程度越低，“负向信息效应”越大。

八是品牌资产。早期的研究发现，产品召回不仅仅会造成有形的产品损失，还会造成类似于品牌感知的无形资产损失（Davidson Iii 和 Worrell，1992）。这是因为，产品伤害危机及其应对策略是一种信号机制，会影响构成品牌资产的品牌信念、品牌态度等心理因素（Dawar，1998）。消费者对企业品牌的期望越高，无论企业采用哪种应对策略，企业品牌资产的损失程度都相对较小（Dawar 和 Pillutla，2000）。在可辩解型产品伤害危机中，与轻度消费者相比，重度消费者的品牌资产更容易得到保持（吴旭明，2008）。

二、产品伤害危机中的应对策略

有多位学者对危机（是指广义的危机，包含但不局限于产品伤害危机）的应对策略分类展开了研究。Mclaughun，Cody 和 O'Hair（1983）以“平息—恶化”（mitigation - aggravation）标准来分类应对策略，平息策略表达对受害者的关心并承认企业有过失，而恶化策略主要是保护企业形象并否认企业存在过失。Marcus 和 Goodman（1991）以“和解—辩解”（accommodative - defensive）标准对应对策略进行了分类，和解策略意味着承担责任、采取应对行动，而辩解策略否认存在问题、拒绝承担责任。借鉴“和解—辩解”分类标准，Siomkos和 Shrivastava（1993）又以“否认—纠正”（denial - corrective）为标准，对应对策略进行了划分。通过对比可以发现，这三种分类标准没有实质区别，说明现实中的应对策略可以被统一到一个分类尺度上。以此为基础，Coombs（1998）将现实中的七种应对策略全面与以上标准进行对接，形成了完整的应对策略分类图，具体如图 5.1 所示。与以上分类标准不同的是，Griffin，Babin 和 Attaway（1991）以“否认—道歉”标准，将应对策略分为否认（denial）、缄默（reticence）、道歉（apology）三类；增加考虑了缄默策略，即对危机没有反应或者声称“无可奉告”、“暂时无法评论”的情形。

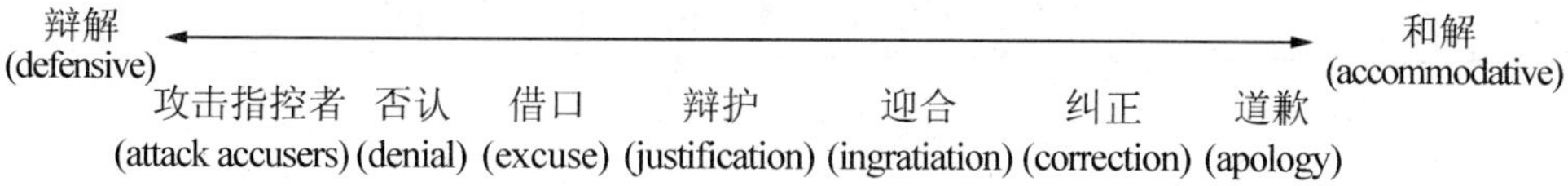

图 5.1 危机的应对策略分类

综合以上各种分类标准，为了在完整涵盖企业行为的同时，精简应对策略的分类，本研究将产品伤害危机的应对策略划分为三类：和解策略（accommodative）、缄默策略（reticence）和辩解策略（defensive）。

此外，企业在应对实际的产品伤害危机时，有时会采用混合策略，即同时采用和解策略和辩解策略。混合策略包含矛盾信息，会降低消费者对企业信任，因此不是常用应对策略。本章着重提出产品伤害危机及其应对策略对品牌资产影响的一般结论，暂不涉及混合策略效果的研究。本书将在第六章深入探讨混合策略的效果。

从文献回顾来看，在企业的最优应对策略上，存在着冲突的观点，有的认为和解策略更好，有的认为辩解策略更好。Siomkos 和 Kurzbard（1994）通过实证研究发现和解策略（主动召回、积极承担责任）能有效挽回消费者的购买意愿。如果企业不知名或消费者以女性为主时，宜采用和解策略处理，比如积极承担责任的应对方式、诚实发布产品缺陷信息、积极表达对消费者的利益关注、充分表现出高度的社会责任感（Laufer 和 Coombs，2006）。如果企业在危机中采取和解策略，那么在几个月以后，消费者通常会逐渐淡忘危机、提升产品评价、重新购买产品（Vassilikopoulou，Siomkos，Chatzipanagiotou 和 Pantouvakis，2009）。王晓玉、晁钢令和吴纪元（2006）通过实验证实有企业应对、专家应对、企业和专家双重应对消费者考虑集呈正面影响。方正（2007）研究证实：（1）外界应对优于企业应对；（2）外界应对策略中最优的是专家应对或政府应对；（3）企业应对策略中最优的是积极澄清。王晓玉、晁钢令和吴纪元（2006）研究中所指的应对和（方正，2007）研究中所指的积极澄清是一致的，也就是说两者都认为辩解澄清是最优的策略。

在学界存在冲突观点的同时，企业在现实的产品伤害危机中也采取了差异很大的应对策略，具体如表 5.1、表 5.2 所示。这说明，就“哪种应对策略最优？”这一问题，企业之间并没有达成共识。

表 5.1 现实中的可辩解型产品伤害危机应对策略

年份	编号	危机名称	应对策略		
			和解	缄默	辩解
2005	1	雀巢牛奶涉嫌受污染危机		√①	
	2	新康泰克含制毒成分危机		√②	
	3	三方便面涉嫌铅超标危机		√③	√④
	4	杜邦特富龙涉嫌致癌危机		√⑤	
	5	巨能钙含致癌双氧水危机	√⑥	√⑦	
	6	立顿红茶氟超标致癌危机		√⑧	
	7	午后红茶涉嫌致命危机		√⑨	
	8	罗氏达菲涉嫌致命危机		√⑩	
2006	9	美赞臣婴儿奶粉质量危机		√⑪	
	10	强生止痛贴涉嫌致命危机			√⑫
	11	麦当劳油炸食品安全危机		√⑬	
	12	可口可乐致儿童肥胖危机			√⑭
	13	芬达、美年达涉嫌致癌危机		√⑮	
	14	柯达 LS433 相机质量危机			√⑯

① “雀巢利乐回应牛奶召回事件称中国包装不含 ITX”，《时代商报》，2005 年 11 月 24 日。
② 李宗品：“中美史克称康泰克不是毒品，制毒要合成新化合物”，《新京报》，2005 年 11 月 18 日。
③ http：//finance. sina. com. cn/xiaofei/canyin/20051213/12152194488. shtml。
④ http：//finance. sina. com. cn/focus/fangbmjt/index. shtml。
⑤ 王佑：“杜邦首次表态：在华产品不含 PFOA”，《第一财经日报》，2005 年 7 月 8 日。
⑥ 李宗品：“巨能公司向消费者致歉”，《新京报》，2004 年 11 月 27 日。
⑦ http：//book. hr. com. cn/detail. php? id = 22852。
⑧ http：//finance. sina. com. cn/xiaofei/consume/20050324/16271457973. shtml。
⑨ 于恒舟：“日本产麒麟茶在美召回，称中国市场产品符合标准”，《北京娱乐信报》，2005 年 6 月 23 日。
⑩ 郭艾琳：“罗氏首次回应达菲事件，称自杀不是服药直接引起”，《第一财经日报》，2005 年 11 月 16 日。
⑪ http：//finance. sina. com. cn/xiaofei/consume/20060316/19152423963. shtml。
⑫ 注：通过 baidu 和 google 的搜索引擎，搜索不到任何强生应对危机的报道，暂归为此类。
⑬ 杨小丹：“麦当劳中国称薯条不含反式脂肪酸”，《北京娱乐信报》，2006 年 2 月 13 日。
⑭ http：//www. bww. net. cn/Article_ Show. asp? ArticleID = 10526。
⑮ 孙杰：“可口可乐和百事可乐称极微量苯无害健康”，《华夏时报》，2006 年 3 月 7 日。
⑯ “相机先天缺陷，柯达不满消协说法缺席听证会”，《国际金融报》，2006 年 8 月 25 日；http：//tech. dayoo. com/gb/content/2006 - 08/25/content_ 2612596. htm。

续　表

年份	编号	危机名称	应对策略		
			和解	缄默	辩解
2006	15	高露洁涉嫌致癌危机		√①	
	16	亨氏奶粉转基因危机		√②	
	17	SK－Ⅱ含重金属危机	√③		
2007	18	星巴克奶制品涉嫌含生长激素危机		√④	
	19	完美保健品涉嫌致病危机			
	20	依云矿泉水菌落涉嫌超标危机		√⑤	
	21	西安杨森止痛药涉嫌致死危机		√⑥	
2008	22	养乐多酸奶疑似致命危机		√⑦	
	23	健怡可乐被指营养未达标危机		√⑧	
2009	24	白加黑等感冒药涉嫌致命危机			√⑨
	25	味全奶粉疑是含致病菌危机		√⑩	
	26	章光 101 染发膏涉嫌致癌危机	√⑪	√⑫	
	27	佳能相机被传跑焦危机			√⑬
	28	统一和农夫山泉砒霜门危机（农夫山泉）		√⑭	
	29	统一和农夫山泉砒霜门危机（统一）		√⑮	

① http：//finance. sina. com. cn/xiaofei/consume/20050419/07541529316. shtml。
② 危剑侠、苏曼丽："亨氏否认含转基因，称正进行彻底有力调查"，《新京报》，2006 年 3 月 15 日。
③ http：//finance. sina. com. cn/xiaofei/consume/20060922/05212937177. shtml。
④ http：//big5. ce. cn/bjfood/food－news/bxxf/200701/18/t20070118_ 10128836. shtml。
⑤ http：//finance. sina. com. cn/consume/puguangtai/20071213/13084287493. shtml。
⑥ http：//www. zj315. org/detail. cgi? id＝24979。
⑦ http：//news. xinhuanet. com/world/2008－01/26/content_ 7500103. htm。
⑧ http：//shipin. people. com. cn/GB/8574006. html。
⑨ http：//finance. sina. com. cn/consume/puguangtai/20090317/09265985657. shtml。
⑩ http：//msn. biz. smgbb. cn/MsnFinance/postPage/2009/02/03/posting_ common_ 37789_ A9CC0F4D－C764－4C53－BD07－1660E8F59CAD_ 2. shtml。
⑪ http：//www. chinatibetnews. com/yiliao/2009－04/01/content_ 224156. htm。
⑫ http：//finance. sina. com. cn/consume/20090326/17436029865. shtml。
⑬ http：//tech. china. com/zh_ cn/zhuanti/2009315/baoguang/11074131/20090313/15370788_ 1. html。
⑭ http：//finance. sina. com. cn/consume/puguangtai/20091128/18077029900. shtml。
⑮ http：//finance. sina. com. cn/consume/puguangtai/20091202/18377047246. shtml。

续 表

年份	编号	危机名称	应对策略		
			和解	缄默	辩解
2009	30	肯德基、麦当劳涉嫌致癌危机		√①	
	31	泸州老窖涉嫌总酯超标危机			√②
	32	汝阳杜康白酒涉嫌总酯不达标危机		√③	
	33	北京二锅头白酒甲醛不达标危机		√④	
	34	一饮相思白酒涉嫌酒精度不达标危机			
	35	益力多涉嫌含糖过高危机		√⑤	
	36	多美滋奶粉添加麦芽糊精危机		√⑥	

表 5.2　现实中的不可辩解型产品伤害危机应对策略

年份	编号	危机名称	应对策略		
			和解	缄默	辩解
2005	1	十一款美白祛斑化妆品汞含量超标		√⑦	
	2	坛坛乡辣椒萝卜含苏丹红危机	√⑧		
	3	（雀巢）普瑞纳宠物食品致死危机	√⑨		
2006	4	可比克薯片铝超标危机	√⑩		
	5	菓香情人梅二氧化硫超标危机		√⑪	
	6	默克万络药致死危机			√⑫
	7	维他奶过期原料危机			√⑬

① http：//money. baidu. com/2009 －07 －10/119483977_ 4. html。
② http：//finance. sina. com. cn/consume/puguangtai/20090325/03166020124. shtml。
③ http：//finance. sina. com. cn/consume/puguangtai/20090325/03166020124. shtml。
④ http：//finance. sina. com. cn/consume/puguangtai/20090325/03166020124. shtml。
⑤ http：//www. china. com. cn/economic/txt/2009 －11/20/content_ 18925482. htm。
⑥ http：//zt. rednet. cn/c/2009/12/21/1876066. htm。
⑦ http：//bbs. szhome. com/commentdetail. aspx？ id =8581511 。
⑧ http：//news. sohu. com/20050315/n224687853. shtml。
⑨ http：//bbs. movshow. com/showtopic －8990. html。
⑩ http：//www. worldbydata. com/News/zxnewview －7869. htm。
⑪ http：//www. gd. xinhuanet. com/newscenter/2006 －08/08/content_ 7719950. htm。
⑫ http：//gobelieve. com. cn/weijixinwen/18743. html。
⑬ http：//biz. 163. com/05/0808/09/1QKEAN1I00021HSD. html。

续　表

年份	编号	危机名称	应对策略		
			和解	缄默	辩解
2007	8	默克公司问题疫苗危机	√①		
	9	汰渍洗衣粉去污力不达标危机			√②
	10	雅阁、奥德赛和飞度轿车缺陷危机	√③		
	11	易初莲花偷换食品保质期标签危机		√④	
2008	12	三聚氰胺毒奶粉危机（三鹿）	√⑤		√⑥
	13	三聚氰胺毒奶粉危机（伊利）	√⑦		√⑧
	14	三聚氰胺毒奶粉危机（蒙牛）	√⑨		
	15	苗岭洁肤霜含激素危机	√⑩		
2009	16	优格狗粮致动物死亡危机	√⑪		
	17	惠而浦冰箱致火灾危机	√⑫		
	18	百事橙汁菌群含量超标危机	√⑬		
	19	通达等碳酸饮料菌落总数超标危机		√⑭	
2010	20	丰田刹车踏板门危机	√⑮		

三、产品伤害危机中的品牌资产

产品伤害危机的应对策略可能会影响一系列因素，如感知质量、购买意

① http：//www. chinanews. com/jk/aqjs/news/2007/12 –17/1106229. shtml。
② http：//finance. sina. com. cn/focus/tzxyfbdb。
③ http：//www. xcar. com. cn/bbs/viewthread. php？ tid =5021262。
④ http：//finance. sina. com. cn/xiaofei/puguangtai/20070315/09213408982. shtml。
⑤ http：//www. tech –food. com/news/2008 –9 –21/n0203972. htm。
⑥ http：//www. tech –food. com/news/2008 –9 –21/n0203972. htm。
⑦ http：//news. stockstar. com/wiki/topic/JL，20080917，00000630. xhtml。
⑧ http：//news. stockstar. com/wiki/topic/JL，20080917，00000630. xhtml。
⑨ http：//www. hctvnews. net/hc_ web/php_ hc_ read. php？ n =8336。
⑩ http：//finance. sina. com. cn/consume/puguangtai/20081013/09125382555. shtml。
⑪ http：//food. icxo. com/htmlnews/2009/01/12/1332494. htm。
⑫ http：//info. china. alibaba. com/news/detail/v0 –d1006720253. html。
⑬ http：//www. cn939. com/tcm –article –read –58336. html。
⑭ http：//www. 415500. com/2009/1219/6006. html。
⑮ http：//news. xinhuanet. com/auto/2010 –03/17/content_ 13184765. htm。

愿、品牌态度……能在最大程度上囊括这些因素的变量之一就是品牌资产，因此，本研究以品牌资产为因变量，来评判应对策略的好坏差异。

先前的研究通常从金融财务、市场表现、消费心理三个角度来定义品牌资产（Aaker，1991；Keller，1998）。从消费心理的角度看，品牌资产是指“由于品牌知识而引起的对该品牌营销的不同反应”（Keller，1993）。具体到产品伤害危机中，Dawar 和 Pillutla（2000）将品牌资产看做与品牌相关信念的综合，根据这一定义，在产品伤害危机情境下，影响到品牌信念的因素主要有三类：

一是产品伤害危机的特征。前期的研究发现，在评价事物时，负面信息的可诊断性更强（Maheswaran 和 Meyers - Levy，1990），比正面信息有更强的说服力（Hoch 和 Deighton，1989），会被赋予更高的权重（Fiske，1980；Klein，1996）。产品伤害危机一旦发生，就会触发负面信息的不对称影响效应，改变消费者的品牌知识结构，降低对产品或品牌的评价（Herr，Kardes 和 Kim，1991；Wright，1974），进而损害品牌资产。以“三聚氰胺毒奶粉危机”为例，危机发生后的半个月内，伊利的股价下跌 45%，蒙牛下跌 58%，光明下跌 6.8%；而这种危机后的股价下跌，既包括召回产品的直接损失，常常也包括品牌资产在内的间接损失（Davidson Iii 和 Worrell，1992；Pruitt 和 Peterson，1985）。通常来讲，产品伤害危机越严重，消费者的感知危险越高，负面影响就越大（Laufer，Silvera 和 Meyer，2005）。

二是危机企业的特征。当同时接触到正、负两面信息时，为尽量减少认知冲突，消费者不仅在接收信息时会选择性地注意与先前态度一致的信息（Kiesler，1971），而且在评价时也更加注重与先前态度一致的信息（Edwards 和 Smith，1996）。在产品伤害危机中，如果消费者原有的态度正面、积极、强烈，品牌资产的受损程度就可能更小；先前的研究也已证实这点，对于购买量较大的厂商，它们的品牌资产损失更少（吴旭明、方正、李蔚和杨晓宇，2008）。此外，通过最近五年对美赞臣婴儿奶粉质量危机、强生止痛贴涉嫌致命危机、麦当劳油炸食品安全危机、雀巢牛奶涉嫌受污染危机、可口可乐致儿童肥胖危机、高露洁涉嫌致癌危机、亨氏奶粉转基因危机等产品伤害危机的观察，我们发现：在食品和药品等市场上，对于那些企业声誉较好的品牌，在经历了产品伤害危机之后，市场表现依然良好、销售受损很小。这使得我们推测：好的企业声誉可能会缓冲产品伤害危机的负面影响。

三是应对策略的类型。什么样的应对策略对品牌资产修复作用更好，先前的研究尚未做过对比分析。但就已有的研究来看，应对策略会影响购买意愿（Cleeren，Dekimpe 和 Helsen，2008）、感知危险（Siomkos 和 Kurzbard，1994；Vassilikopoulou，Siomkos，Chatzipanagiotou 和 Pantouvakis，2009）、消费者考虑集（王晓玉、晁钢令和吴纪元，2006）。而购买意愿、消费者考虑集等变量变化，正是 Keller（1993）所讲的“对该品牌营销的不同反应”，也与 Dawar 和 Pillutla（2000）所讲的“消费者信念”的变化一致，因此有理由推测：不同的应对策略对品牌资产的修复作用是不同的，这也是本研究的研究重点所在。

综上所述，产品伤害危机应对策略对品牌资产的影响机制，需要进一步深入研究。在开展研究时，需要考虑另外两种因素的影响——产品伤害危机的特征和危机企业的特征。为探讨这两种因素的影响，本研究引入了产品伤害危机类型和企业声誉两个变量。

第三节 研究假设

假设推导分为两个部分，分别讨论危机类型、企业声誉的调节作用。

一、危机类型的调节作用

就和解、辩解两种策略的优劣而言，在心理学领域虽有较多的研究，但存在非常冲突的观点。一方面，有的研究指出和解策略更好。因为它表现出施害方的懊悔心态，有利于受害方正面判断施害方的动机和意图（Lewck 和 Bunker，1996；Ohbuchi，Kameda 和 Agarie，1989）。因此，在负面事件发生后，就修复合作意愿而言，和解策略比辩解策略更有效（Bottom，Gibson 和 Daniels *et al.*，2002）。另一方面，有的学者指出辩解策略更优。他们发现，和解策略意味着承认过错、确认有伤害发生，这将不利于修复受害方对危机的负面认知（Darby 和 Schlenker，1980；Riordan，Marlin 和 Kellogg，1983）；

公关管理领域的研究也证实了这一观点，在候选人面临财务丑闻时，就保持选民的投票意愿而言，辩解策略比和解策略更有效（Sigal，Hsu 和 Foodim *et al.*，1988）。对于以上两类冲突的结论，可以用“双刃剑效应”（Kim，Ferrin 和 Cooper *et al.*，2004）给予解释：和解策略的优点是通过承认过失传递出不再犯错的诚意，缺点是让受害方确认了施害方的过失；辩解策略的优点是让受害方无法确认、只能怀疑施害方的过失，缺点是无法传递不再犯错的诚意。因此，究竟是和解策略好，还是辩解策略好，需要结合产品伤害危机的具体情形进行分析。

在可辩解型产品伤害危机中，产品缺陷没有违法违规，不存在犯错的问题。此时的关键是避免消费者形成产品有害的负面信念，因此，辩解策略比和解策略更有效。首先，辩解策略传递出产品无害的正面信息，让消费者接触到正、反两面信息，而不是只接触到负面信息，进而阻止负面信念的形成。其次，和解策略存在两大问题：一是和解策略虽然能够表达不再犯错的诚意，但在高感知风险下消费者更重视的是能降低感知风险的信息（Gürhan - Canli 和 Batra，2004），所以和解策略并不是必然比辩解策略更有效；二是和解策略不仅无法改变消费者认为产品有害的信念，反而还由于企业的和解策略，让消费者强化了这一不利信念。最后，缄默策略与辩解策略相比，它没有提供产品无害的信息，不能消除消费者认为产品无害的初始信念，所以对品牌资产的维护作用更弱；与和解策略相比，没有承认产品存在伤害，没有强化消费者认为产品无害的负面信念，所以对品牌资产的维护作用更强。根据以上推断，我们得出假设 H_{1a}：

H_{1a}：在可辩解型产品伤害危机中，就保护品牌资产的效果而言，最优的是辩解策略，其次是缄默策略，最差的是和解策略。

在不可辩解型产品伤害危机中，产品缺陷已经违法违规，企业的确存在过失，已无法否认应该承担的责任。此时的关键是要尽早表达出不再犯错的诚意，维系消费者未来购买该品牌的意愿，阻止对品牌不利信念的形成。在这方面，和解策略是最有效的，而缄默、辩解两种策略，都没有这种“能表达不再犯错的诚意”的效果，所以二者没有显著差异。根据以上分析，我们得出假设 H_{1b}：

H_{1b}：在不可辩解型产品伤害危机中，就保护品牌资产的效果而言，和解策略最优，辩解策略和缄默策略之间没有显著差异。

在以上两个假设中，两类产品伤害危机各自对应的最优应对策略恰好是相反的，因此，本研究进一步推测产品伤害危机类型对应对策略存在调节作用。由此，形成假设 H_1：

H_1：在产品伤害危机中，就保护品牌资产的效果而言，产品伤害危机的类型对应对策略存在调节作用。

二、企业声誉的调节作用

H_1 没有讨论企业采取混合策略（同时采用辩解策略与和解策略）的情形。混合策略既包含了最优应对策略的优点，也包含了最差应对策略的缺点，向消费者传递出亦正亦负的信息。对于这种特殊情形，需要结合企业声誉予以分析。

企业声誉可能导致选择性注意（selective attention）和偏向的信息处理（biased information processing）。良好的企业声誉，意味着消费者对企业持有积极的态度；而负面的企业声誉，则反之。态度一旦形成，就会引导个体的信息处理过程（Petty 和 Cacioppo，1977）。与先前态度一致的信息会被赋予更多权重（Kunda，1990）；因此，与先前态度一致信息的说服力，强于与先前态度不一致信息的说服力（Ahluwalia，Unnava 和 Burnkrant，2001；Edwards 和 Smith，1996）。对此，先前的诸多研究已经予以证实（Darley 和 Gross，1983；Ha 和 Hoch，1989；Hoch 和 Deighton，1989；Hoch 和 Ha，1986）。因此本研究推测，对声誉较好的企业而言，如果采取混合应对方式，消费者更多关心其中包含的正面内容，比如，在可辩解型产品伤害危机中，消费者可能只关注企业对产品无害性所做出的辩解，并且将和解策略看做企业有责任心的表现；对声誉较坏的企业而言，则反之，消费者会更多关注其中包含的负面内容。由此，我们得出假设 H_2：

H_2：在产品伤害危机中，对声誉较好的企业而言，采取混合策略对品牌资产的保护效果与最优应对策略接近；而对声誉较坏的企业而言，则与最差应对策略接近。

H_{2a}：在可辩解型产品伤害危机中，对声誉较好的企业而言，采取混合策略对品牌资产的保护效果与采取辩解策略接近；而对声誉较坏的企业而言则反之。

H_{2b}：在不可辩解型产品伤害危机中，对声誉较好的企业而言，采取混合策略对品牌资产的保护效果与采取和解策略接近；而对声誉较坏的企业而言则反之。

除可能导致选择性注意和偏向信息处理外，企业声誉还可能产生晕轮效应（halo effect）。晕轮效应是指人们对他人的认知判断首先是根据个人的好恶得出的，然后再从这个判断推论出认知对象的其他品质（Thorndike，1920）；因此，一旦人们对某人、某个组织形成了正面印象，人们就容易忽略与这一良好印象相对立的负面信息（Balzer 和 Sulsky，1992；Nisbett 和 Wilson，1977）。实际上，过去的研究也已证实，良好企业声誉产生的晕轮效应可以带来一系列的好处：增加顾客忠诚、易化产品引入、强化广告效果、提升招聘效果等（Allen 和 Caillouet，1994；Cameron，1994；Druckenmiller，1993；Gaines – Ross，1997；Goldberg 和 Hartwick，1990；Morley，2002；Patterson，1993）。综上所述，基于选择性注意、晕轮效应理论以及相关领域的研究成果，本研究推测企业声誉会正向调节消费者在产品伤害危机中的品牌认知，进而对品牌资产形成正向调节作用，由此得出假设 H_3：

H_3：在产品伤害危机中，企业声誉会正向调节应对策略对品牌资产的保护效果。

第四节　研究一：危机类型的调节作用

在研究一中，只考虑产品伤害危机类型的调节作用，采用 2（产品伤害危机：可辩解型、不可辩解型）×3（应对策略：辩解、缄默、和解）的组间设计（between – group design），并使用同质的学生样本。

一、刺激物设计

共设计三种刺激物，并使用学生样本进行了前测，以提高在正式实验中的刺激稳定性和成功可能性。具体情况如下：

1. 企业声誉

在网络上搜索了五个牙膏生产企业的介绍，将文字组合后，剔除可能导致声誉好、坏判断的文字，尽可能将企业声誉维持一个稳定的中等水平。为了其他潜在因素对因变量的影响，统一将牙膏名称更改为“A 品牌”、企业名称更改为“A 企业”。

2. 产品伤害危机

基于多个现实发生的产品伤害危机，着重考虑到产品的普适性、消费者的熟悉度，本研究选择牙膏作为刺激物品类。分别以 2005 年“高露洁涉嫌致癌危机”和 2007 年“二甘醇牙膏危机”为原型，组合多家网站的报道，精炼修改文字，形成可辩解型产品伤害危机和不可辩解型产品伤害危机的刺激物。在可辩解型中，声称牙膏中含有有害物质“二甘醇”，但含量极小，在法规允许范围内；在不可辩解型中，则指出“二甘醇”成分严重超标。

3. 应对策略

从多个典型采用“辩解策略”、“和解策略”的产品伤害危机中（比如：农夫山泉砷超标危机、雀巢奶粉碘超标危机、丰田刹车踏板门危机等），摘录应对策略的报道原文进行整合，并调整描述以便与牙膏品类对接。对于辩解策略，侧重提供否认（denial）、辩护（justification）的信息；对于和解策略，主要提供纠正（correction）、道歉（apology）的信息。对于“沉默策略”，则告诉被试：“A 企业至今没有对该事件发表任何观点”。

二、实验程序

实验在大学课堂上进行，所有被试都是在校本科生。为避免被试猜测研究意图、做出迎合性的回答，问卷声称是 × × 大学正在做一个关于负面新闻的调查，并在题项展示顺序上了做了调整：首先是新闻总体评价，请被试从“实、新、短、畅”四方面对新闻报道进行打分（这些打分在本研究中没有使用）；

其次是品牌评价，请被试对品牌资产的题项打分（这些打分用于假设检验）；再次是新闻内容回忆，请被试从“应对策略、企业声誉”等方面回答刺激物中包含的信息（这些打分用于刺激物的操纵检验）；最后是与被试人口统计特征相关的问题。

三、量表设计

首先，对于企业声誉的测量，借鉴 Fombrun 和 Riel（1997）的量表，询问被试“您觉得 A 公司在消费者心中的声誉如何？”

其次，对于产品伤害危机的类型判断，参考 Siomkos 和 Kurzbard（1994），Dawar 和 Pillutla（2000）的研究，以对产品危害的确定性判断来进行区分：“在二甘醇事件中，您在多大程度上确认 A 公司的牙膏存在危害？”如果刺激物有效，那么可辩解型产品伤害危机的得分通常较低，而不可辩解型的得分通常更高，且两类危机存在显著区别。具体原因是：对于可辩解型产品伤害危机而言，现实的媒体报道类似于“芬达和美年达橙汁可能致癌”，用词不确定，语气不肯定，不给出结论性的判断；在实验中，刺激物做了类似模仿，声称有害物质含量极小，所以被试对危害的确定性打分更低。而在不可辩解型产品伤害危机中，现实的媒体报道更加肯定，类似于“刹车存在隐患，丰田将召回 27.7 万辆普锐斯”，而且通常还有执法机构介入处理（比如强制召回）；在实验中，刺激物做了类似的模拟，声称有害物质严重超标，所以被试对该题项的打分更高。

再次，对于应对策略的测量，要求被试判断应对策略属于以下哪一类：否认牙膏存在危害、对危机表现出沉默、承认过失承担责任和其他。

最后，对于品牌资产，考虑产品伤害危机的负面性，综合参考江明华和董伟民（2003）、Aaker（1991）、Agarwal 和 Rao（1996）、Dawar 和 Pillutla（2000）和 Keller（1993）的研究，从以下四个维度进行测量：品牌态度、品牌信任、感知质量、购买意愿。量表也沿用参考以上研究，品牌态度的测量使用三个题项（好的—坏的，积极的—消极的，有利的—不利的）；品牌信任的测量使用三个题项（值得信任—不值得信任，可信赖—不可信赖，可靠—不可靠）；对于感知质量，使用两个题项分别从公司品牌、危机产品层面测量

（高质量—低质量）；对于购买意愿，使用两个题项（肯定会购买—肯定不购买，希望使用—不希望使用）。

所有题项均采用 11 分 Likert 量表；对于英文题项，采用“双盲”翻译方法，以确保表述准确。

四、分析和结果

1. 样本概况

某高校 180 名本科学生参加了此次实验，剔除回答有误、误判应对策略类型的样本，剩余有效样本 151 个。其中有 52 位男性和 99 位女性，女性样本占 65.6%，比重较大；但方差分析显示，性别对品牌资产的判断并无显著差异（$F(1, 149)=1.09$，$p=0.299$）。

2. 操控检验

首先是企业声誉。6 个实验组对企业声誉的评价无显著差异（均值从 6.68 到 7.52，$F(5, 145)=0.95$，$p=0.453$），说明已成功控制企业声誉的变动。

其次是危机类型。对两类产品伤害危机而言，被试对危害的确定性判断存在显著差异（$M_{defensible}=7.91$，$M_{indefensible}=8.58$；$F(1, 149)=4.79$，$p=0.030$），说明危机类型被成功操控；在可辩解型产品伤害危机中，3 个实验组对危害的确定性判断无显著差异（均值从 7.58 到 8.25，$F(2, 74)=0.71$，$p=0.496$），说明可辩解型产品伤害危机的同质性被成功操控；在不可辩解型产品伤害危机中，3 个实验对危害的确定性判断也无显著差异（均值从 8.28 到 9.00，$F(2, 71)=1.28$，$p=0.285$），说明不可辩解型产品伤害危机的同质性被成功操控。

最后是应对策略。共发放问卷 180 份；对于辩解、缄默、和解三种应对策略，每种策略对应 60 个原始样本；剔除回答有误和误判应对策略类型的样本后，剩余有效样本数为 47、53 和 51。

3. 因变量

品牌资产 10 个题项的 Cronbach's Alpha 值为 0.91，说明具有较高信度。通过因子分析，提取出一个因子，解释了方差的 54.0%，即为品牌资产。表 5.3 显示了各实验组对应的品牌资产测量结果：

表 5.3　研究一：各实验组对应的品牌资产测量结果

		可辩解型	不可辩解型
辩解策略	样本量	23	24
	均　值	1.28	-1.02
	标准差	0.81	0.32
缄默策略	样本量	28	25
	均　值	0.04	-0.84
	标准差	0.51	0.47
和解策略	样本量	26	25
	均　值	-0.26	0.86
	标准差	0.55	0.72

4. 假设检验

假设检验采用方差分析，具体结果如下。

在可辩解型产品伤害危机中，辩解策略显著优于和解策略（$M_{accommodative}=-0.26$，$M_{defensive}=1.28$；$F(1, 47)=61.39$，$p<0.001$；针对两组样本不对等的问题，以一般线性模型予以修正，以下分析类似），辩解策略显著优于缄默策略（$M_{reticence}=0.04$，$M_{defensive}=1.28$；$F(1, 49)=43.86$，$p<0.001$），而缄默策略又优于和解策略（$M_{accommodative}=-0.26$，$M_{reticence}=0.04$；$F(1, 52)=4.36$，$p=0.042$）。这说明，在可辩解型产品伤害危机发生后，最有效的是辩解策略，传递出产品无害的正面信息，让消费者接触到正、反两面信息，而不是只接触到负面信息，进而阻止负面信念的形成，保护已建立的品牌资产，其次是缄默策略，再次是和解策略。因此，H_{1a}得到了支持。

在不可辩解型产品伤害危机中，和解策略显著优于辩解策略（$M_{defensive}=-1.02$，$M_{accommodative}=0.86$；$F(1, 47)=140.66$，$p<0.001$），和解策略显著优于缄默策略（$M_{reticence}=-0.84$，$M_{accommodative}=0.86$；$F(1, 48)=98.83$，$p<0.001$），但缄默策略与辩解策略没有显著差异（$M_{defensive}=-1.02$，$M_{reticence}=-0.84$；$F(1, 47)=2.55$，$p=0.117$）。这与H_{1b}的推测一致：和解策略是最优的，否认策略和缄默策略之间没有显著区别。因此，H_{1b}得到支持。

H_{1a}和H_{1b}的验证，已经说明两类产品伤害危机的最优应对策略存在差异。为了进一步确认产品伤害危机类型对应对策略的调节作用，本研究将两类产品伤害危机的数据组合在一起进行方差分析，结果显示产品伤害危机类型和应对策略的交互项统计显著（$F(5, 145)=59.68$，$p<0.001$），证明了调节作用的存在。因此，H_1 得到有力支持。

五、讨论

本研究以学生样本验证了两类产品伤害危机的最优应对策略。研究结果发现：在可辩解型产品伤害危机中，就保护品牌资产而言，最优的是辩解策略，其次是缄默策略，最差的是和解策略；在不可辩解型产品伤害危机中，就保护品牌资产而言，最优的是和解策略，其次是缄默策略与和解策略；这也就是说，产品伤害危机类型对应对策略具有调节作用。

研究一的意义在于支持了 H_1 及其相关假设，为 H_2 的检验提供了基础，因为 H_2 的推导是建立在 H_1 的基础上。但研究一存在两点缺陷：一是没有讨论企业声誉的影响，没有验证 H_2 和 H_3；二是使用学生样本在课堂上实验，所得结果的代表性有限。研究二将着力于解决以上两个问题。

第五节 研究二：危机类型和企业声誉的调节作用

研究二采用 2（企业声誉：好、坏）×2（产品伤害危机：可辩解型、不可辩解型）×4（应对策略：辩解、缄默、和解、混合）的组间设计。与研究一相比，研究二有五点不同：一是增加考虑企业声誉的影响，二是增加考虑了混合策略的影响，三是采用现场实验法（field experiment），四是使用非学生样本，五是改变了实验程序和问卷结构。

一、刺激物和实验程序

对于产品伤害危机，沿用研究一的刺激物。对于企业声誉，则参照 Fombrun 和 Riel（1997）对企业声誉的刺激物设计，结合生产牙膏的日化行业背景，形成包含好、坏企业声誉的企业介绍刺激物。对于辩解、缄默和和解策略，提供的刺激物与研究一类似。对于“混合策略”，同时提供辩解策略、和解策略两种信息。在文字编排上，对可辩解型产品伤害危机，和解在前、辩解在后，对不可辩解型产品伤害危机，辩解在前、和解在后。之所以这样编排，是基于表5.1、表5.2对多个产品伤害危机的观察，在“三聚氰胺毒奶粉危机（三鹿）”、“SK－Ⅱ含重金属危机”、“三方便面涉嫌铅超标危机”、“巨能钙含致癌双氧水危机”等危机中，企业操作的顺序通常都是如此——选错应对策略后，因外界环境变化或自己发觉不妥，然后立即调整。由于新增了一种应对策略，对应对策略的判别问题也做了修改，增加了选项以便与混合策略对应。

需要解释的是，企业选择混合策略可能是受外界环境影响；对外界环境造成的影响，我们应在实验中予以控制。从现实案例来看，在可辩解型产品伤害危机中，企业选择从“和解”到“辩解”的主要原因是专家机构对产品无害性的澄清，典型案例是2004年的“巨能钙含致癌双氧水危机”。双氧水是工业制剂，在药品、食品行业极少使用，甚至都没有法规标准；起初巨能钙公司为保守起见，采取了和解策略，向顾客道歉，并允许退货；后来质检机构确认双氧水含量很低、产品对人无害后，企业又转而辩解说产品是合格的，对消费者无伤害。在不可辩解型产品伤害危机中，企业选择从“辩解”到“和解”的主要原因是专家机构对产品有害性的确认，典型案例是2008年的“三聚氰胺碘超标危机（三鹿）”。起初企业为保护声誉，一直否认产品有害；后来质检机构公布三聚氰胺严重超标的事实后，企业才转而采用和解策略，向消费者道歉。因此，混合策略的采用，往往伴随专家机构的介入。在本研究的刺激物中，选择国家质检总局为专家机构，判别牙膏是否有害。对专家机构介入造成的潜在影响，仍然通过产品伤害危机类型的判别题项来检验；这是因为专家机构的权威评判，最终影响的是消费者对产品伤害的确定性判断，也就是对危机类型的判断。

研究二采用现场实验，采用街头采访、上门访问等方式，寻找相对空闲的访问对象。在实验程序和问卷安排上，研究二有所变化：首先，请被试阅读A企业的文字介绍，并请被试为A企业的声誉评分；其次，请被试阅读关于产品伤害危机和企业应对策略的负面新闻报道，并请被试为品牌资产的题项打分；再次，是关于新闻内容回忆，请被试从应对策略等方面回答刺激物中包含的信息；最后，是与被试人口统计特征相关的问题。之所以要将企业声誉的测量提前，是由于两个原因：一是避免企业声誉与产品伤害危机的交互影响，导致被试对企业声誉的打分不准确（Dawar 和 Pillutla，2000）；二是打分行为是一种行为承诺（behavioral commitment），而行为承诺有助于强化态度（Blanton，Pelham 和 Dehart *et al.*，2001），即有助于强化被试对企业声誉的评价。

二、分析和结果

1. 样本概况

共成功发放问卷 640 份，16 个实验组，每组 40 份；因回答有误、应对策略判断错误剔除 115 个样本，获得有效样本 525 个。从整体来看，由于选择了现场实验方法，被试的人口统计特征分布比较均衡，具有较好的代表性，具体情况如表 5.4 所示：

表 5.4　研究二：各实验组对应的样本概况测量结果

人口统计特征变量		样本数	百分比	累计百分比
性别	男	225	42.8%	42.8%
	女	300	57.2%	100.0%
年龄	16 - 29	233	44.4%	44.4%
	30 - 44	122	23.2%	67.6%
	45 - 59	75	14.3%	81.9%
	60 及以上	95	18.1%	100.0%
教育程度	高中/中专	185	35.2%	35.2%
	大专	107	20.4%	55.6%
	本科	147	28.0%	83.6%
	研究生	86	16.4%	100.0%
收入	1000 及以下	33	6.3%	6.3%
	1001 - 2000	208	39.6%	45.9%
	2001 - 4000	269	51.2%	97.1%
	4001 - 7000	14	2.7%	99.8%
	7001 及以上	1	0.2%	100.0%

以品牌资产为因变量，以性别、年龄、教育程度、收入为自变量，构建回归模型，数据分析结果显示回归模型不显著（$F(11, 513) = 1.15$，$p = 0.323$），从而排除了人口统计特征变化可能给因变量带来的影响。

2. 操控检验

首先是企业声誉。对于接受好、坏企业声誉刺激物的被试，他们对企业声誉的判断存在显著差异（$M_{bad} = 2.91$，$M_{good} = 8.29$；$F(1, 523) = 1667.17$，$p < 0.001$）。对于接受好企业声誉刺激的8个实验组，他们对企业声誉的评价无显著差异（均值从7.96到8.80，$F(7, 258) = 1.28$，$p = 0.260$）；对于接受坏企业声誉刺激的8个实验组，他们对企业声誉的评价也无显著差异（均值从2.50到3.21，$F(7, 251) = 1.34$，$p = 0.231$）。以上方差分析说明，企业声誉的组间差异性、组内同质性被成功操控。

其次是危机类型。对两类产品伤害危机而言，被试对产品危害的确定性评价存在显著差异（$M_{defensible} = 7.92$，$M_{indefensible} = 8.94$；$F(1, 523) = 76.62$，$p < 0.001$），说明危机类型差异性被成功操控。在可辩解型产品伤害危机中，8个实验组对危害的确定性判断无显著差异（均值从7.43到8.11，$F(7, 247) = 1.70$，$p = 0.108$），说明可辩解型产品伤害危机的同质性被成功操控。在不可辩解型产品伤害危机中，8个实验组对危害的确定性判断也无显著差异（均值从8.47到9.27，$F(7, 262) = 1.04$，$p = 0.404$），说明不可辩解型产品伤害危机的同质性被成功操控。

最后是应对策略。发放问卷640份；对于辩解、缄默、和解和混合四种应对策略，每种策略对应160个原始样本。剔除回答有误、误判应对策略类型的样本，剩余有效样本数分别为128、132、128和137，共计525个。对于这525个样本而言，企业应对策略被成功操控。

3. 因变量

品牌资产10个题项的Cronbach’s Alpha值为0.96，说明具有较高信度。通过因子分析，提取出一个因子，即为品牌资产，解释了方差的73.9%。表5.5显示了各实验组对应的品牌资产测量结果：

表5.5 研究二：各实验组对应的品牌资产测量结果

		可辩解型		不可辩解型	
		企业声誉好	企业声誉坏	企业声誉好	企业声誉坏
辩解策略	样本量	33	29	35	31
	均　值	1.62	0.53	-0.42	-1.14
	标准差	0.65	0.48	0.27	0.28
缄默策略	样本量	33	28	36	35
	均　值	0.08	-0.48	-0.41	-1.07
	标准差	0.35	0.30	0.25	0.24
和解策略	样本量	28	35	33	32
	均　值	0.07	-0.71	1.19	-0.09
	标准差	0.28	0.37	0.85	0.28
混合策略（辩解+和解）	样本量	35	34	33	35
	均　值	1.45	-0.48	0.95	-1.00
	标准差	0.66	0.49	0.92	0.20

4. 假设检验

假设检验采用方差分析，具体结果如下。

首先，检验 H_1 及其相关假设。在可辩解型产品伤害危机中，采取辩解策略对应的品牌资产，显著优于和解策略（$M_{accommodative}=-0.36$，$M_{defensive}=1.11$；$F(1, 123)=153.32$，$p<0.001$）；辩解策略显著优于缄默策略（$M_{reticence}=-0.18$，$M_{defensive}=1.11$；$F(1, 121)=124.69$，$p<0.001$），缄默策略优于和解策略（$M_{accommodative}=-0.36$，$M_{reticence}=-0.18$；$F(1, 122)=4.82$，$p=0.030$）。因此，H_{1a}再次得到支持。在不可辩解型产品伤害危机中，采取和解策略对应的品牌资产，显著优于辩解策略（$M_{defensive}=-0.76$，$M_{accommodative}=0.56$；$F(1, 129)=110.75$，$p<0.001$）；和解策略显著优于缄默策略（$M_{reticence}=-0.74$，$M_{accommodative}=0.56$；$F(1, 134)=118.39$，$p<0.001$），缄默策略与辩解策略没有显著差异（$M_{defensive}=-0.76$，$M_{reticence}=-0.74$；$F(1, 135)=0.05$，$p=0.818$）。因此，H_{1b}再次得到支持。H_{1a}和H_{1b}得到验证后，将两类产品伤害危机的数据组合在一起进行方差分析，结果显示产品伤害危机类型和应对策略的交互项显著（$F(7, 517)=66.31$，$p<0.001$），证明了调

节作用显著存在。因此，H_1 再次得到支持，参见图 5.2。

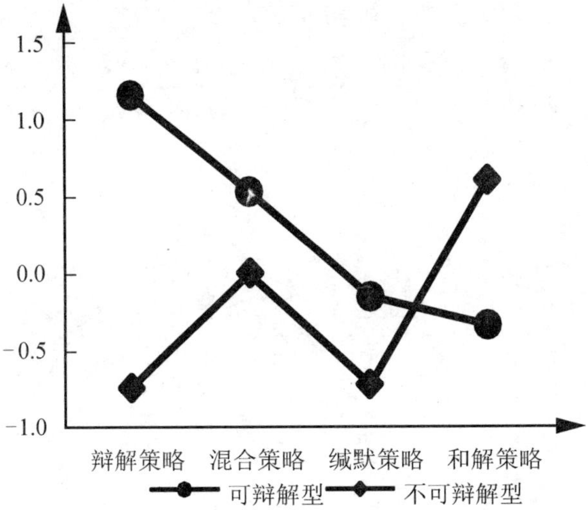

图 5.2　不考虑企业声誉时，危机类型的调节作用

其次，检验 H_2 及其相关假设。在可辩解型产品伤害危机中，在企业声誉较好的条件下，采取混合策略对应的品牌资产与辩解策略没有显著差异（$M_{mixed}=1.45$，$M_{defensive}=1.62$；$F(1,66)=1.22$，$p=0.273$）；在企业声誉较坏的条件下，采取混合策略对应的品牌资产与和解策略存在显著差异（$M_{accommodative}=-0.71$，$M_{mixed}=-0.48$；$F(1,67)=5.08$，$p=0.028$）。也就是说，在可辩解型产品伤害危机中，如果采取混合的应对策略（辩解 + 和解），对好声誉企业而言，它的效果与采取最优策略（辩解）更接近；但对于坏声誉企业，采取混合策略（辩解 + 和解），也优于最差的应对策略（和解）。这与 H_{2a} 的陈述不一致，因此 H_{2a} 只得到部分支持。在不可辩解型产品伤害危机中，在企业声誉较好的条件下，采取混合策略对应的品牌资产与和解策略没有显著差异（$M_{mixed}=0.96$，$M_{accommodative}=1.19$；$F(1,64)=1.13$，$p=0.291$）；在企业声誉较坏的条件下，采取混合策略对应的品牌资产与辩解策略存在显著差异（$M_{mixed}=-1.00$，$M_{accommodative}=-1.14$；$F(1,64)=5.66$，$p=0.020$）。也就是说，在不可辩解型产品伤害危机中，如果采取混合的应对策略（辩解 + 和解），对好声誉企业而言，它的效果与采取最优策略（和解）更接近；而对坏声誉企业而言，它的效果也优于最差的应对策略（辩解）。这与 H_{2b} 的陈

述不一致，因此 H_{2b} 只得到部分支持。综合 H_{2a} 和 H_{2b} 的验证结果，可以发现：对于声誉较好的企业，采取混合策略对品牌资产的影响效果，与采取最优应对策略没有显著差异；对于声誉较差的企业，采取混合策略也可能优于最差策略。因此，H_2 只得到部分支持，参见图 5.3 和图 5.4。

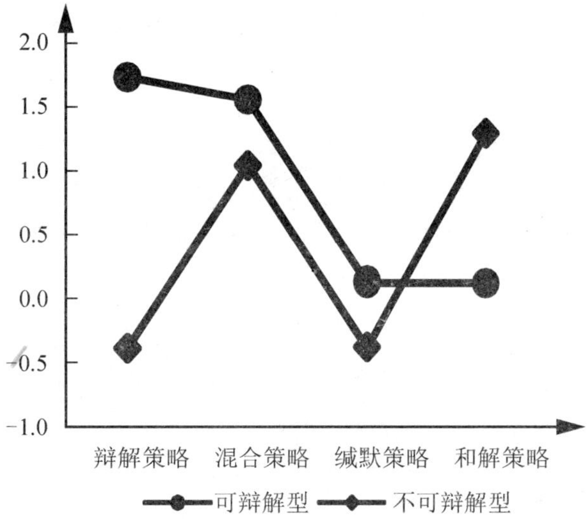

图 5.3　企业声誉较好时，危机类型的调节作用

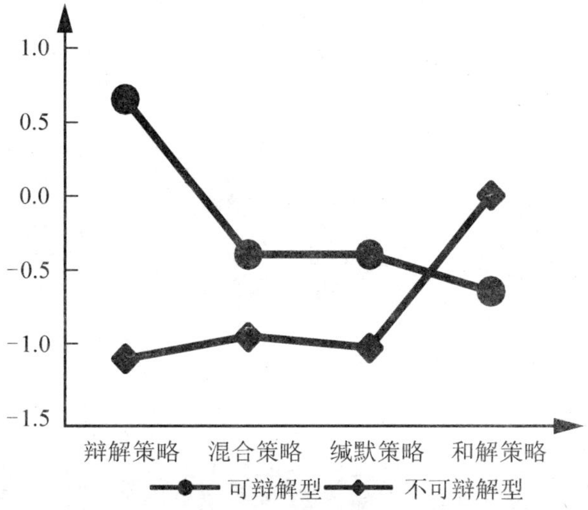

图 5.4　企业声誉较坏时，危机类型的调节作用

最后，检验 H_3。在可辩解型产品伤害危机中，企业声誉越好，其品牌资产效价越高（$M_{bad}=-0.31$，$M_{good}=0.84$；$F(1, 253)=142.69$，$p<0.001$）。在不可辩解型产品伤害危机中，声誉较好的企业，其品牌资产显著高于声誉较差的企业（$M_{bad}=-0.83$，$M_{good}=0.30$；$F(1, 268)=143.14$，$p<0.001$）。以上分析说明了，在产品伤害危机中，企业声誉显著正向影响品牌资产；但要验证 H_3，证明调节作用的存在，需要检验“企业声誉×应对策略”这一交互项。为此，本研究将两类产品伤害危机的数据合并，建立饱和回归模型，分析结果显示：显著的交互项回归系数全都为正（$\beta_{good\times accommodative}=0.62$，$p<0.001$；$\beta_{good\times defensive}=0.06$，$p=0.073$；$\beta_{good\times mixed}=1.29$，$p<0.001$；其余交互项的回归系数被回归模型默认为对照基准水平）。这说明在两类产品伤害危机中，企业声誉对“应对策略对品牌资产的影响”起到了正向调节作用。因此，H_3 得到有力支持，参见图 5.5。此外，图 5.6 和图 5.7 分别表现了企业声誉在两类产品伤害危机中的调节作用。

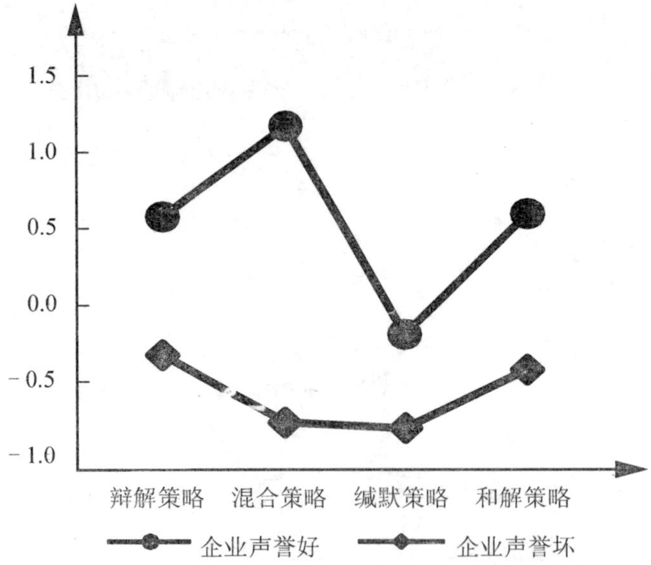

图 5.5　不考虑危机类型时，声誉的调节作用

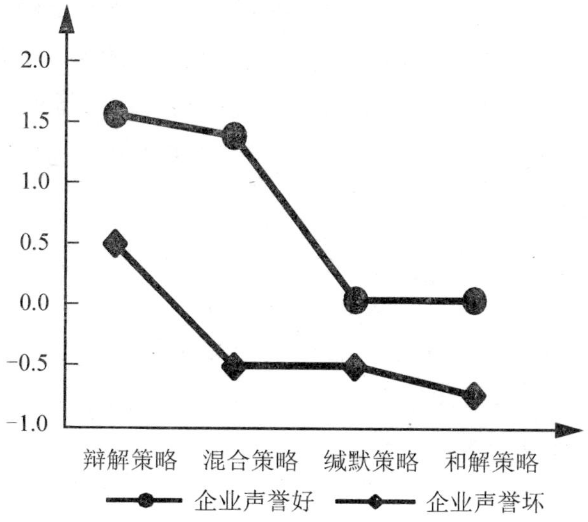

图 5.6　可辩解型中企业声誉的调节作用

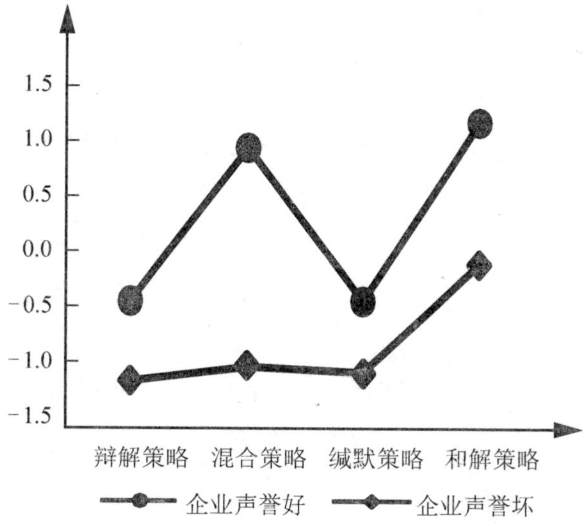

图 5.7　不可辩解型中企业声誉的调节作用

三、讨论

研究二检验了 H_1、H_2 和 H_3，结果显示 H_1、H_3 得到完全验证，H_2 仅得到部分验证。在企业声誉较坏的条件下，H_2 推测：采取混合策略对品牌资产的保护效果与最差应对策略接近。但检验结果却发现，对声誉较坏的企业，采用混合策略也显著优于最差应对策略。导致这一结果的原因，可能在于混合策略的刺激物设计；我们都是将最差应对策略的文字放在前，最优应对策略的文字放在后，或多或少会纠正负面应对策略带来的负面品牌信念，进而提升了被试对品牌资产的打分。

在讨论了三个假设的检验结果后，如表 5.6 所示，本研究以品牌资产的各个维度为因变量构建回归模型，进一步探讨品牌资产各维度的变化机制。第一，在可辩解型产品伤害危机中，辩解策略在四个维度上都是最优的，这与以总体品牌资产为因变量的方差分析结果一致；但是和解策略显著弱于缄默策略，仅在感知质量维度得到验证，没有在其他三个维度得到验证；这可能是因为，在负面事件中个体对与感知风险相关的信息更敏感（Gürhan - Canli 和 Batra，2004），而感知风险是影响品牌感知质量的重要因素（Erdem，Swait 和 Iacobucci，2004），进而使得感知质量这一维度显著。第二，在不可辩解型产品伤害危机中，和解策略在四个维度上都显著优于其他两个策略，缄默策略和否认策略之间没有显著差异，这与以总体品牌资产为因变量的方差分析结果一致。第三，两类危机的最优应对策略在四个维度上都正好相反，也说明了危机类型对应对策略有调节作用，这与以总体品牌资产为因变量的方差分析结果一致。第四，企业声誉对应对策略具有显著的正向调节作用，但是仅发生在企业采取了最优应对策略和混合应对策略时。其中的原因可能是，与现实中每天真实接触的企业不同，在实验中通过刺激物而塑造的企业声誉，形成的消费者期望强度有限。而根据“期望—事实”理论，在低期望条件下，当事实与期望比较一致时，更容易产生累加效应（Deighton，1984；Levin 和 Gaeth，1988）；当事实与期望矛盾时，期望的调节作用相对有限，甚至会因事实而降低期望（Marks 和 Kamins，1988；Smith，1993）。也就是说，在产品伤害危机中，采取最优应对策略和混合策略，都包含了或多或少的正面信息，使正面期望与正面事实更加一致，更容易产生累加效应，使调节作用变得显著。

表 5.6　对品牌资产各维度的回归分析

	可辩解型								不可辩解型							
	品牌态度		品牌信任		感知质量		购买意愿		品牌态度		品牌信任		感知质量		购买意愿	
	系数	显著性	系数	显著性	系数	显著性	系数	显著性	系数	显著性	系数	显著性	系数	显著性	系数	显著性
截距	-0.52	<0.001	-0.48	<0.001	-0.34	0.003	-0.47	<0.001	-0.90	<0.001	-1.04	<0.001	-1.05	<0.001	-1.07	<0.001
应对策略（和解）	-0.21	0.143	-0.19	0.132	-0.30	0.047	-0.15	0.295	0.79	<0.001	0.95	<0.001	0.97	<0.001	1.02	<0.001
应对策略（辩解）	1.01	<0.001	0.92	<0.001	0.86	<0.001	1.03	<0.001	-0.14	0.317	-0.06	0.683	0.01	0.955	-0.02	0.894
应对策略（混合）	-0.04	0.761	0.03	0.830	-0.02	0.905	0.08	0.586	0.01	0.924	0.13	0.350	0.06	0.654	0.08	0.587
应对策略（缄默）	0.00	—	0.00	—	0.00	—	0.00	—	0.00	—	0.00	—	0.00	—	0.00	—
企业声誉（好）	0.58	<0.001	0.53	<0.001	0.43	0.006	0.60	<0.001	0.54	<0.001	0.60	<0.001	0.74	<0.001	0.65	<0.001
企业声誉（坏）	0.00	—	0.00	—	0.00	—	0.00	—	0.00	—	0.00	—	0.00	—	0.00	—
企业声誉×应对策略（好×和解）	0.17	0.397	0.23	0.208	0.26	0.238	0.13	0.509	0.76	0.001	0.55	0.006	0.42	0.043	0.56	0.006
企业声誉×应对策略（坏×和解）	0.00	—	0.00	—	0.00	—	0.00	—	0.00	—	0.00	—	0.00	—	0.00	—
企业声誉×应对策略（好×辩解）	0.43	0.034	0.59	0.001	0.48	0.029	0.46	0.024	0.04	0.840	0.14	0.477	-0.10	0.64	0.10	0.615
企业声誉×应对策略（坏×辩解）	0.00	—	0.00	—	0.00	—	0.00	—	0.00	—	0.00	—	0.00	—	0.00	—
企业声誉×应对策略（好×混合）	1.36	<0.001	1.28	<0.001	1.38	<0.001	1.03	<0.001	1.32	<0.001	1.42	<0.001	0.95	<0.001	1.03	<0.001

续 表

	可辩解型								不可辩解型							
	品牌态度		品牌信任		感知质量		购买意愿		品牌态度		品牌信任		感知质量		购买意愿	
	系数	显著性	系数	显著性	系数	显著性	系数	显著性	系数	显著性	系数	显著性	系数	显著性	系数	显著性
企业声誉×应对策略（坏×混合）	0.00	—	0.00	—	0.00	—	0.00	—	0.00	—	0.00	—	0.00	—	0.00	—
企业声誉×应对策略（好×缄默）	0.00	—	0.00	—	0.00	—	0.00	—	0.00	—	0.00	—	0.00	—	0.00	—
企业声誉×应对策略（坏×缄默）	0.00	—	0.00	—	0.00	—	0.00	—	0.00	—	0.00	—	0.00	—	0.00	—
F 值	79.66	92.65	60.05	70.47	74.67	75.11	60.15	68.48								
显著水平	<0.001	<0.001	<0.001	<0.001	<0.001	<0.001	<0.001	<0.001								
R^2	0.69	0.72	0.63	0.67	0.66	0.67	0.62	0.64								

注：品牌资产四个维度 Cronbach's Alpha 值均大于 0.80，提取一个因子的方差解释比例均大于 70.0%；部分变量系数为 0、标准差缺失，是因被一般线性模型（GLM）默认为对照基准水平。

第六节 讨论与启示

品牌资产是一种脆弱的无形资产，创建它需要多年的时间，但毁掉它却只需要经历一场危机，三鹿奶粉、三株口服液都是典型的例子。因此，理解产品伤害危机对品牌资产的影响具有重要意义。产品伤害危机发生后，企业最关注的就是应对策略的选择问题；但在营销实践中，营销主管通常都是依靠经验和感觉来回答这些问题（Siomkos 和 Kurzbard，1994），而且他们的直觉判断也不统一，有的采取辩解策略，有的采取和解策略，有的干脆采取缄默策略或混合策略……不管营销主管如何看待上述问题，依靠经验和感觉得出的观点都有待于通过实证研究来论证，他们之间的分歧也有待通过实证研究来鉴别。

为实现这一目的，本研究运用实验法展开分析。结果显示：第一，在可辩解型产品伤害危机中，最优的是辩解策略，能在危机爆发后抑制负面信念的形成；最差的是和解策略，会增强消费者认为企业对危机负有责任的不利品牌信念，进而对品牌资产造成损害。第二，在不可辩解型产品伤害危机中，最优的应对策略是和解策略，它能传递出不再犯错的诚意，让消费者形成积极正面的品牌信念，辩解策略和缄默策略则没有显著区别。第三，在两类产品伤害危机中采用混合策略（先最差策略、后最优策略），对声誉好的企业而言，效果与最优应对策略接近；对声誉坏的企业而言，效果也优于最差应对策略。第四，产品伤害危机发生后，如果选择了最优应对策略或混合策略，企业声誉对应对策略具有显著的正向调节作用，非常有利于化解危机。

在理论上，本研究有三点贡献。一是从产品伤害危机的应对策略来看，跨危机类型对比了应对策略的优劣，发现了产品伤害危机类型与企业声誉的调节作用，证明了两类危机的最优应对策略存在非常大的差异。这将有助于解释产品伤害危机中的迷惑现象，比如：有的公司采用和解策略（比如：肯德基含苏丹红危机）能有效应对危机，而其他公司却导致非常负面的效果（比如：巨能钙含致癌双氧水危机）。二是从品牌资产来看，在不同危机类型和不同企业声誉条件下，探讨了应对策略对品牌资产的影响关系，有助于深入理解品牌资产在产品伤害危机中的变动机制。三是在有利于解释危机管理中关于最优应对策略的观点差异。在危机管理（包含但不局限于产品伤害危机）中，有的学者认为和解策略更优（Ihlen，2002），有的研究却发现辩解策略更优（Ware和Linkugel，1973）；本研究将危机类型进行分类研究，发现危机类型对最优策略具有调节作用，解释了两种观点的矛盾。

在实践上，本研究为有效应对产品伤害危机提供了参考依据。企业在应对产品伤害危机上往往缺乏理论指导，实践环节上存在大量的问题；企业是人运作的，所以很多企业在应对危机的时候，会呈现出人应对危机的弱点——对产品伤害危机的处理反应太过直接，缺乏整体性和系统性（Mitroff和Pauchant，1990）。要解决这一问题，可以从四个方面着手：一是在产品伤害危机发生后，尽快确认危机类型。如果自身不能确认产品伤害危机的类型，可以采取向质检部门送检的方式予以确认；在亨氏奶粉转基因危机、高露洁涉嫌致癌危机中，企业都向质检部门主动送检过产品。二是选择与产品伤害危机类型相匹配的最优应对策略。如果产品缺陷违法违规，和解策略更好；否则，应该采取辩解策略。三是如果错选应对策略，应尽快予以纠正。转而采用最优应对策略后，效果会优于坚持采用最差应对策略的情形，避免产生灾难性后果。四是在日常经营中注重企业声誉的经营和累积。先前的研究已经发现企业声誉能正向影响从股票价格到员工道德的一系列因素（Hearit，1997），但是它的积极意义不仅于此。在产品伤害危机中，如果采取最优应对策略或混合策略，企业声誉还能正向调节应对策略对品牌资产的影响，有效消除产品伤害危机给消费者造成的负面信念。所以，为有效应对可能出现的产品伤害危机，还可以从平常入手，通过公益事业营销、社会责任活动等手段塑造正面的企业声誉。

此外，本研究对政府质量安全工作有一点启示，即加快完善产品质量标准。以2009年发生的“益力多涉嫌含糖过高危机”为例，国家至今在这方面没有标准，无法判断危机类型，每当某些医学机构声称含糖过高可能导致不健康时，企业难以决策采取哪种应对策略。

第七节 局限和展望

本研究存在三个局限。一是实验中使用的是虚拟品牌，跟现实有差异。对于被试而言，阅读一段文字而形成的品牌联想，与现实中的多次接触到品牌相比，不管是在强度、独特性等方面都存在差异。二是研究结论的普适性有待验证。在两个实验中，只以牙膏作为测试产品，对快速消费品具有较好的代表性；其结论对于在其他类型的产品是否适用，有待通过跨产品类型间的比较研究来进一步验证。三是在研究中没有考虑时间因素。在两个实验中，所有的刺激物都是同时提供给被试。但是在现实的危机中，产品伤害危机、企业应对策略往往不是同时发生的，以 2006 年发生的“SK－Ⅱ涉嫌含重金属危机”为例，这场危机从爆发到彻底平息总共持续了约 90 天，同年发生的“芬达、美年达涉嫌致癌危机”仅持续了 6 天；而先前的研究发现，时间因素可能会影响消费者在产品伤害危机中的认知（Cleeren，Dekimpe 和 Helsen，2008），因此，可能也会影响到品牌资产。深入讨论第三个问题，对企业的借鉴意义较大，适合用组内设计继续开展研究。

第六章　可辩解型产品伤害危机应对策略对品牌资产的影响研究

第一节　引　言

产品伤害危机（product harm crisis）是指偶尔出现并被广泛宣传的关于某个产品是有缺陷或是对消费者有危险的事件（Siomkos 和 Kurzbard，1994）。在可辩解型产品伤害危机中，企业的应对策略可能会影响一系列因素，如：感知质量、购买意愿、品牌态度等；能在最大程度上涵盖这些因素的变量是品牌资产，因此，以品牌资产来评判应对策略的好坏差异具有较好的代表性。但迄今为止，对如何有效应对产品伤害危机这一问题，企业间仍然存在不同的理解，例如：从企业自身来看，巨能钙在“巨能钙含致癌双氧水危机”中选择了向消费者致歉，但是强生公司在“强生止痛贴涉嫌致命事件”中采取了置之不理的方式；从外界澄清来看，高露洁等公司邀请外界专家协助澄清，而三株等企业却选择了独自应对。对于现实中差异如此大的应对策略，我们不禁思考：哪种应对策略能在更大程度上保护企业的品牌资产？

对于这一问题，现有的研究还不能提供确切答案。一是部分研究没有对产品伤害危机进行分类（Cleeren，Dekimpe 和 Helsen，2008；Dawar，1998；Laufer，2002；Siomkos 和 Kurzbard，1994）；二是对可辩解型产品伤害危机的企业应对策略，学者们主要探讨了其对公司形象（Bradford 和 Garrett，1995）、消费者考虑集（王晓玉、晁钢令和吴纪元，2006）和购买意愿（方正，2007）等变量的影响；三是对可辩解型产品伤害危机中的品牌资产，先前的研究仅探讨了消费者个体差异对品牌资产造成的感知差异（吴旭明，2008），且没有考虑调节变量和中介变量。因此，上述问题仍然需要进一步展开探索。

第二节　理论和现实背景

首先是企业应对策略的分类。有多位学者对危机（是指广义的危机，包含但不局限于产品伤害危机）的应对策略分类展开了研究。有学者以“平息—恶化”（mitigation - aggravation）标准来分类应对策略，平息策略表达对受害者的关心并承认企业有过失，而恶化策略主要是保护企业形象并否认企业存在过失（Mclaughun，Cody 和 O'Hair *et al.*，1983）。有学者以“和解—辩解”（accommodative - defensive）标准对应对策略进行了分类，和解策略意味着承担责任、采取应对行动，而辩解策略否认存在问题、说明没有过错（Marcus 和 Goodman，1991）。借鉴“和解—辩解”分类标准，有学者又以“否认—纠正”（denial - corrective）为标准，对应对策略进行了划分（Siomkos 和 Shrivastava，1993）。通过对比可以发现，这 3 种分类标准没有实质区别，说明现实中的应对策略可以被统一到一个分类尺度。以此为基础，有学者将现实中的 7 种应对策略全面与以上标准进行对接，形成了完整的应对策略分类图（Coombs，1998），具体如图 6.1 所示。与以上分类标准不同的是，有学者以“否认 - 道歉”标准，将应对策略分为否认（denial）、缄默（reticence）、道歉（apology）三类；增加考虑了缄默策略，即：对危机没有反应或者声称“无可奉告”、“暂时无法评论”的情形（Griffin，Babin 和 Attaway，1991）。综上所述，可以得知危机的应对策略共有 8 种，即（Coombs，1998）的 7 种策略，外加（Griffin，Babin 和 Attaway，1991）补充的缄默策略。需要补充的是，在表 6.1 的 36 个国内案例中，没有观察到采用迎合策略（ingratiation）和借口策略（excuse）的情形。

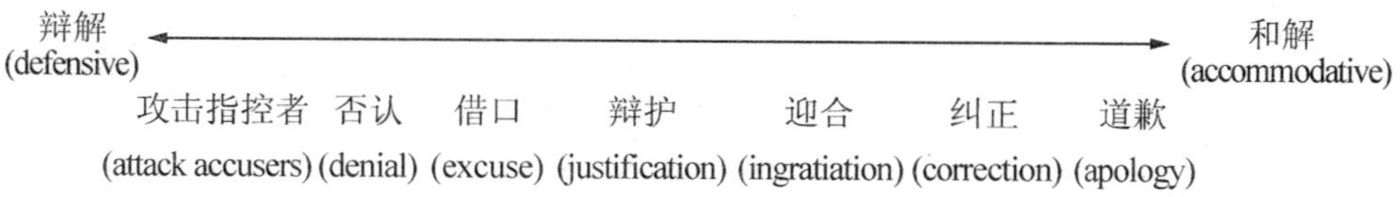

图 6.1　危机的应对策略分类

为了在完整涵盖企业行为的同时、精简企业应对策略的分类，根据企业应对策略的相似性，本研究在实证研究时将 8 种应对策略划分为 4 类：和解策略（包含：ingratiation & correction & apology）、缄默策略（reticence）、辩解策略

（包含：denial & excuse & justification）和攻击策略（attack accusers），具体如表6.1所示。

表6.1 现实中的可辩解型产品伤害危机应对策略

年份	编号	危机名称	企业的应对策略				外界澄清	
			和解	辩解	缄默	攻击	无	有
2005	1	雀巢牛奶涉嫌受污染危机		√①				√②
	2	新康泰克含制毒成分危机		√③			√④	
	3	三方便面涉嫌铅超标危机		√⑤	√⑥			√⑦⑧
	4	杜邦特富龙涉嫌致癌危机		√⑨				√⑩
	5	巨能钙含致癌双氧水危机	√⑪	√⑫		√⑬		√⑭⑮
	6	立顿红茶氟超标致癌危机		√⑯				√⑰
	7	午后红茶涉嫌致命危机		√⑱				√⑲
	8	罗氏达菲涉嫌致命危机		√⑳				√㉑

① “雀巢利乐回应牛奶召回事件称中国包装不含ITX”，《时代商报》，2005年11月24日。
② “质检总局发布公告雀巢公司问题婴儿奶未入境”，《新闻晨报》，2005年11月25日。
③ 李宗品：“中美史克称康泰克不是毒品，制毒要合成新化合物”，《新京报》，2005年11月18日。
④ 注：通过baidu和google的搜索引擎，搜索不到任何外界对危机的应对，暂归为此类。
⑤ http：//finance. sina. com. cn/xiaofei/canyin/20051213/12152194488. shtml。
⑥ http：//finance. sina. com. cn/focus/fangbmjt/index. shtml。
⑦ 杜娟：“方便面油炸非油炸打嘴仗，食品科技学会出面澄清”，《北京晨报》,2006年6月22日。
⑧ 杜娟：“国家粮油质检中心：三大品牌方便面并未铅超标”，《北京晨报》,2005年12月30日。
⑨ 王佑：“杜邦首次表态：在华产品不含PFOA”，《第一财经日报》,2005年7月8日。
⑩ 郭安：“质检总局为特富龙正名，国标不粘锅可以放心使用”，《新京报》,2006年3月4日。
⑪ 李宗品：“巨能公司向消费者致歉”，《新京报》,2004年11月27日。
⑫ http：//book. hr. com. cn/detail. php？ id =22852。
⑬ 王家耀、廖洪武：“巨能钙两次被检出含有双氧水成分，有害物能致癌”，《京华时报》,2004年11月18日。
⑭ 章雯：“巨能钙过氧化氢残留量在安全范围内”，《光明日报》,2004年12月6日。
⑮ http：//finance. sina. com. cn/chanjing/b/20041203/13191200747. shtml。
⑯ http：//finance. sina. com. cn/xiaofei/consume/20050324/16271457973. shtml。
⑰ 于恒舟：“立顿茶含氟量全部符合国家标准”，《新民晚报》,2005年3月30日。
⑱ 于恒舟：“日本产麒麟茶在美召回，称中国市场产品符合标准”，《北京娱乐信报》,2005年6月23日。
⑲ 诸达鹤：“上海市质监局公布抽检结果，麒麟午后红茶合格”，《新闻晨报》,2005年7月6日。
⑳ 郭艾琳：“罗氏首次回应达菲事件，称自杀不是服药直接引起”，《第一财经日报》，2005年11月16日。
㉑ 同上。

续 表

年份	编号	危机名称	企业的应对策略				外界澄清	
			和解	辩解	缄默	攻击	无	有
	9	美赞臣婴儿奶粉质量危机		√①				√②
	10	强生止痛贴涉嫌致命危机			√③		√④	
	11	麦当劳油炸食品安全危机		√⑤				√⑥
	12	可口可乐致儿童肥胖危机			√⑦			√⑧
2006	13	芬达美年达涉嫌致癌危机		√⑨				√⑩⑪⑫
	14	柯达 LS433 相机质量危机			√⑬	√⑭	√⑮	
	15	高露洁涉嫌致癌危机		√⑯				√⑰
	16	亨氏奶粉转基因危机		√⑱				√⑲
	17	SK－Ⅱ含重金属危机	√⑳			√㉑		√㉒

① http：//finance. sina. com. cn/xiaofei/consume/20060316/19152423963. shtml。
② http：//finance. sina. com. cn/xiaofei/consume/20060316/19152423963. shtml。
③ 注：通过 baidu 和 google 的搜索引擎，搜索不到任何强生应对危机的报道，暂归为此类。
④ 注：通过 baidu 和 google 的搜索引擎，搜索不到任何外界对危机的应对，暂归为此类。
⑤ 杨小丹："麦当劳中国称薯条不含反式脂肪酸"，《北京娱乐信报》,2006 年 2 月 13 日。
⑥ 刘宪银："北京食品办盯上麦当劳薯条"，《华夏时报》,2006 年 2 月 21 日。
⑦ http：//www. bww. net. cn/Article_Show. asp？ ArticleID = 10526。
⑧ http：//www. bww. net. cn/Article_Show. asp？ ArticleID = 10526。
⑨ 孙杰："可口可乐和百事可乐称极微量苯无害健康"，《华夏时报》,2006 年 3 月 7 日。
⑩ 彬彬："中国厂商和专家都说没事"，《世界新闻报》,2006 年 3 月 13 日。
⑪ http：//finance. sina. com. cn/roll/20060310/0955589741. shtml。
⑫ http：//finance. sina. com. cn/roll/20060309/0918587757. shtml。
⑬ "相机先天缺陷，柯达不满消协说法缺席听证会"，《国际金融报》,2006 年 8 月 25 日；http：//tech. dayoo. com/gb/content/2006－08/25/content_2612596. htm。
⑭ http：//it. sohu. com/20060906/n245196423. shtml。
⑮ 注：通过 baidu 和 google 的搜索引擎，搜索不到任何外界对危机的应对，归为此类。
⑯ http：//finance. sina. com. cn/xiaofei/consume/20050419/07541529316. shtml。
⑰ http：//news. sohu. com/20050428/n225374849. shtml。
⑱ 危剑侠、苏曼丽："亨氏否认含转基因，称正进行彻底有力调"，《新京报》,2006 年 3 月 15 日。
⑲ 郭华萍："质监部门证实中国美赞臣奶粉安全"，《东南早报》,2006 年 3 月 18 日。
⑳ http：//finance. sina. com. cn/xiaofei/consume/20060922/05212937177. shtml。
㉑ http：//finance. sina. com. cn/xiaofei/consume/20060920/03262929678. shtml。
㉒ http：//finance. sina. com. cn/g/20061025/01193015813. shtml。

续 表

年份	编号	危机名称	企业的应对策略				外界澄清	
			和解	辩解	缄默	攻击	无	有
2007	18	星巴克奶制品涉嫌含生长激素危机		√①			√②	
	19	完美保健品涉嫌致病危机				√③	√④	
	20	依云矿泉水菌落涉嫌超标危机		√⑤			√⑥	
	21	西安杨森止痛药涉嫌致死危机		√⑦			√⑧	
2008	22	养乐多酸奶疑似致命危机		√⑨				√⑩
	23	健怡可乐被指营养未达标危机		√⑪			√⑫	
2009	24	白加黑等感冒药涉嫌致命危机			√⑬		√⑭	
	25	味全奶粉疑含致病菌危机		√⑮				√⑯
	26	章光 101 染发膏涉嫌致癌危机	√⑰	√⑱			√⑲	
	27	佳能相机被传跑焦危机			√⑳		√㉑	

① http：//big5. ce. cn/bjfood/food - news/bxxf/200701/18/t20070118_ 10128836. shtml。
② 注： 通过 baidu 和 google 的搜索引擎，搜索不到任何外界对危机的应对，归为此类。
③ http：//www. fx120. net/kuaixun/200903/399036. html。
④ 注： 通过 baidu 和 google 的搜索引擎，搜索不到任何外界对危机的应对，归为此类。
⑤ http：//finance. sina. com. cn/consume/puguangtai/20071213/13084287493. shtml。
⑥ 注： 通过 baidu 和 google 的搜索引擎，搜索不到任何外界对危机的应对，归为此类。
⑦ http：//www. zj315. org/detail. cgi？ id =24979。
⑧ 注： 通过 baidu 和 google 的搜索引擎，搜索不到任何外界对危机的应对，归为此类。
⑨ http：//news. xinhuanet. com/world/2008 -01/26/content_ 7500103. htm。
⑩ http：//www. cctv. com/community315/special/C20532/20080129/106009. shtml。
⑪ http：//shipin. people. com. cn/GB/8574006. html。
⑫ 注： 通过 baidu 和 google 的搜索引擎，搜索不到任何外界对危机的应对，归为此类。
⑬ http：//finance. sina. com. cn/consume/puguangtai/20090317/09265985657. shtml。
⑭ 注： 通过 baidu 和 google 的搜索引擎，搜索不到任何外界对危机的应对，归为此类。
⑮ http：//msn. biz. smgbb. cn/MsnFinance/postPage/2009/02/03/posting_ common_ 37789_ A9CC0F4D - C764 -4C53 - BD07 -1660E8F59CAD_ 2. shtml。
⑯ http：//msn. biz. smgbb. cn/MsnFinance/postPage/2009/02/03/posting_ common_ 37789_ A9CC0F4D - C764 -4C53 - BD07 -1660E8F59CAD_ 2. shtml。
⑰ http：//www. chinatibetnews. com/yiliao/2009 -04/01/content_ 224156. htm。
⑱ http：//finance. sina. com. cn/consume/20090326/17436029865. shtml。
⑲ 注： 通过 baidu 和 google 的搜索引擎，搜索不到任何外界对危机的应对，归为此类。
⑳ http：//tech. china. com/zh_ cn/zhuanti/2009315/baoguang/11074131/20090313/15370788_ 1. html。
㉑ 注： 通过 baidu 和 google 的搜索引擎，搜索不到任何外界对危机的应对，归为此类。

续　表

年份	编号	危机名称	企业的应对策略				外界澄清	
			和解	辩解	缄默	攻击	无	有
	28	统一和农夫山泉砒霜门危机（农夫山泉）		√①		√②		√③④
	29	统一和农夫山泉砒霜门危机（统一）		√⑤				√⑥⑦
	30	肯德基、麦当劳涉嫌致癌危机		√⑧			√⑨	
	31	泸州老窖涉嫌总酯超标危机			√⑩		√⑪	
2009	32	汝阳杜康白酒涉嫌总酯不达标危机		√⑫			√⑬	
	33	北京二锅头白酒甲醛不达标危机		√⑭			√⑮	
	34	一饮相思白酒酒精度和固形物不达标危机				√⑯	√⑰	
	35	益力多含糖过高危机		√⑱			√⑲	
	36	多美滋奶粉添加麦芽糊精危机		√⑳				√㉑

其次是外界澄清的类型。王晓玉、晁钢令和吴纪元（2006）的研究首次

① http：//finance. sina. com. cn/consume/puguangtai/20091128/18077029900. shtml。
② http：//finance. sina. com. cn/consume/20091128/04247029046. shtml。
③ http：//finance. sina. com. cn/consume/puguangtai/20091128/18077029900. shtml。
④ http：//cn. china. cn/article/n497356,361bdd,d2474_ 11999. html。
⑤ http：//finance. sina. com. cn/consume/puguangtai/20091202/18377047246. shtml。
⑥ http：//finance. sina. com. cn/consume/puguangtai/20091128/18077029900. shtml。
⑦ http：//cn. china. cn/article/n497356,361bdd,d2474_ 11999. html。
⑧ http：//money. baidu. com/2009 - 07 - 10/119483977_ 4. html。
⑨ 注：通过 baidu 和 google 的搜索引擎，搜索不到任何外界对危机的应对，归为此类。
⑩ http：//finance. sina. com. cn/consume/puguangtai/20090325/03166020124. shtml。
⑪ 注：通过 baidu 和 google 的搜索引擎，搜索不到任何外界对危机的应对，归为此类。
⑫ http：//finance. sina. com. cn/consume/puguangtai/20090325/03166020124. shtml。
⑬ 注：通过 baidu 和 google 的搜索引擎，搜索不到任何外界对危机的应对，归为此类。
⑭ http：//finance. sina. com. cn/consume/puguangtai/20090325/03166020124. shtml。
⑮ 注：通过 baidu 和 google 的搜索引擎，搜索不到任何外界对危机的应对，归为此类。
⑯ http：//finance. sina. com. cn/consume/puguangtai/20090325/03166020124. shtml。
⑰ 注：通过 baidu 和 google 的搜索引擎，搜索不到任何外界对危机的应对，暂归为此类。
⑱ http：//www. china. com. cn/economic/txt/2009 - 11/20/content_ 18925482. htm。
⑲ 注：通过 baidu 和 google 的搜索引擎，搜索不到任何外界对危机的应对，归为此类。
⑳ http：//zt. rednet. cn/c/2009/12/21/1876066. htm。
㉑ http：//zt. rednet. cn/c/2009/12/21/1876066. htm。

考虑了外界澄清——专家协助澄清的情形，是指专家出面证实产品无害性或合法性。方正（2007）进一步将外界澄清的主体分为行业组织、专家团体、政府机构三大类，并且发现不管选择哪类外界澄清主体，外界澄清对感知危险的缓解效果都显著优于企业独自应对。鉴于各种外界力量没有本质差别，为简化实验设计，本研究只考虑“有、无”外界澄清的情形。在表 6.1 中，也列出了 36 个可辩解型产品伤害危机的外界澄清情况。

最后，从表 6.1 中还可以看出，对最优企业应对策略、外界澄清效果的理解，企业在现实中还存在较大的分歧，因此采取了截然不同的选择。这进一步说明，研究如何有效应对可辩解型产品伤害危机，对现实的借鉴意义较大。

第三节　研究假设

本研究以品牌资产为因变量，来评判企业应对策略的好坏差异。就品牌资产而言，先前的研究通常从财务、购买行为、消费者心理三个角度来定义品牌资产（Aaker，1991；Keller，1993）。从消费者心理的角度来看，品牌资产是指“由于品牌知识而引起的对该品牌营销的不同反应”（Keller，1993）；具体到产品伤害危机中，有学者将品牌资产看做与品牌相关信念的综合（Dawar 和 Pillutla，2000）。

一、企业应对策略的影响

可辩解型危机的企业应对策略分为四个大类：和解、辩解、缄默、攻击。这四种应对策略可能会在不同程度上影响顾客的品牌信念，进而影响品牌资产，具体分析如下：

首先，分析对比和解、辩解两种策略。就和解、辩解两种策略的优劣而言，在心理学领域虽有较多的研究，但存在非常冲突的观点。一方面，有的研究指出和解策略更好。因为它表现出施害方的懊悔心态，有利于受害方积极判断施害方的动机和意图（Lewck 和 Bunker，1996；Ohbuchi，Kameda 和 Agarie，1989）。另一方面，有的学者指出辩解策略更优。他们发现，和解策略意味着承认过错、确认有伤害发生，这将不利于修复受害方对危机的负面认知（Darby 和 Schlenker，1980；Riordan，Marlin 和 Kellogg，1983）。对于以上两类冲突的结论，可以用“双刃剑效应”（Kim，Ferrin 和 Cooper *et al.*，2004）给予解释（见前文）。因此，究竟是和解策略好，还是辩解策略好，需要结合产品伤害危机的具体类型进行分析。

在可辩解型产品伤害危机中，产品缺陷没有违法违规，不存在犯错的问题。此时的关键是避免消费者形成产品有害的负面信念，因此，辩解策略可能比和解策略更有效。第一，辩解策略传递出产品无害的正面信息，让消费者接触到正、反两面信息，而不是只接触到负面信息，进而阻止负面信念的形成。第二，和解策略存在两大问题：一是和解策略虽然能够表达不再犯错的诚意，但在高感知风险下，消费者更重视的是能降低感知风险的信息（Gürhan－Canli 和 Batra，2004），所以和解策略并不是必然比辩解策略更有效；二是和解策略包含了道歉、召回等行为，这可能会让消费者更加相信产品有害、企业负有责任，进而强化了负面的品牌信念。由此，得出假设 H_{1a}：

H_{1a}：在可辩解型产品伤害危机中，就保护品牌资产的效果而言，最优的是辩解策略，最差的是和解策略。

其次，分析缄默策略和攻击策略。这两种策略，与辩解策略相比，都没有提供产品无害的信息，不能消除产品有害的负面信念，所以对品牌资产的维护作用更弱；与和解策略相比，都没有承认产品存在伤害，没有强化产品有害的负面信念，所以对品牌资产的维护作用更强。因此，这两种策略对品牌资产的保护效果介于和解策略和辩解策略之间。由此，得出假设 H_{1b}：

H_{1b}：在可辩解型产品伤害危机中，就保护品牌资产的效果而言，缄默策略和攻击策略的效果居于和解策略和辩解策略之间。

再次，缄默策略和攻击策略之间仍然存在差异。以前的研究表明，在危机中采取类似于沉默的“缄默策略”，就代表了企业的疑虑与消极（Coombs，1998）。若企业既不确认、也不否认危机，公众就会认为企业是在隐瞒真相，反而会扩大危机的杀伤力（Pearson 和 Clair，1998）。因此，可辩解型产品伤害危机一旦发生，企业应该主动站出来应对，减少公众对产品安全的疑虑，降低危机对品牌信念造成的负面冲击；所以本研究推测，攻击策略优于缄默策略。根据此，本研究做出假设 H_{1c}：

H_{1c}：在可辩解型产品伤害危机中，与缄默策略相比，攻击策略更有利于保护品牌资产。

最后，综合 H_{1a}、H_{1b}、H_{1c}的分析，我们得出假设 H_1：

H_1：在可辩解型产品伤害危机中，就保护品牌资产而言，最优的是辩解策略，其次是攻击策略，再次是缄默策略，最差的是和解策略。

二、外界澄清的影响和调节作用

根据社会心理学的研究结果，信息对人产生的影响力通常决定于信息的四个因素：沟通者、信息内容、传播渠道和听众（Hovland，Lumsdaine 和 Sheffield，1949）。从沟通者这一因素来看，沟通者的可知觉专家性（Olson 和 Cal，1984）和可知觉信赖性（Hemsley 和 Doob，1978）将会影响到信息的说服力和影响力。在知觉专家性方面，政府管制机构（如质监部门、卫生部和农业部）、相关领域专家和行业组织是最常见的外界澄清主体，他们都具有相关领域的专业知识和专业能力，因此他们对消费者而言都具有较高的可知觉专家性。在可知觉信赖性方面，我们通常认为那些并不是为自身的某些利益而说话的人是真诚的，他们的可知觉信赖性更高（Eagly，Wood 和 Chaiken，1978）。根据以上分析，无论从可知觉专家性，还是从可直觉信赖性来看，有外界澄清都优于企业独自应对，更有利于说服消费者，保持较好的品牌信念。因此，本研究得出假设 H_2：

H_2：在可辩解型产品伤害危机中，与无外界澄清相比，有外界澄清更有利于保持品牌资产。

鉴于外界澄清的可知觉专家性、可知觉信赖性更高，其说服力更强，在企业应对策略和外界澄清同时出现时，外界澄清的影响较大，因此，企业说什么就可能变得没有那么重要，这就可能淡化不同企业应对策略对品牌资产造成的影响效果差异，特别是最优企业应对策略（辩解策略）与其他企业应对策略的差异。因此，本研究得出假设 H_3：

H_3：在可辩解型产品伤害危机中，外界澄清会负向调节企业应对策略对品牌资产的影响。

三、企业声誉的影响和调节作用

企业声誉会产生晕轮效应（halo effect），因而会正向影响品牌资产。一旦人们对某人、某个组织形成了正面印象，人们就容易忽略与这一良好印象相对立的负面信息（Balzer 和 Sulsky，1992；Nisbett 和 Wilson，1977）。实际上，过去的研究也已证实，良好企业声誉产生的晕轮效应可以带来一系列的好处：增加顾客忠诚、易化产品引入、强化广告效果、提升招聘效果等（Allen 和 Caillouet，1994；Druckenmiller，1993；Gaines - Ross，1997；Goldberg 和 Hartwick，1990；Morley，2002；Patterson，1993）。因此，我们推测，在可辩解型产品伤害危机中，企业声誉也会带来类似的好处。由此，得出假设 H_4：

H_4：在产品伤害危机中，企业声誉越好，则品牌资产越高。

企业声誉还可能导致有偏向的信息处理（biased - processing）。良好的企业声誉，意味着消费者对企业持有积极的态度；而负面的企业声誉，则反之。态度一旦形成，就会引导个体的信息处理过程（Petty 和 Cacioppo，1977），与先前态度一致的信息会被赋予更多权重（Kunda，1990）。基于此，本研究推测，如果企业声誉好，消费者就会更关注企业应对策略中隐含的、对企业有利的信息；如果企业声誉坏，则反之。在上述过程中，就可能产生正向调节作用。由此，得出假设 H_5：

H_5：在可辩解型产品伤害危机中，企业声誉会正向调节企业应对策略对品牌资产的影响。

四、心理风险的中介作用

在产品伤害危机中，感知危险、感知风险是常见的中介变量。先前的研究发现：在危机品牌能否进入消费者考虑集的过程中，感知危险起到了中介作用（Erdem，Swait 和 Iacobucci，2004）；在口碑方向影响消费者态度的过程中，感知风险起到部分中介作用（王晓玉和晁钢令，2008）。据此，本研究推测感知危险或感知风险，可能会充当品牌资产的中介变量。

感知危机和感知风险这两个概念相比，感知风险的含义更广，也被更广泛地使用。感知风险通常包括六种不同类型，即财务风险、绩效风险、身体风险、社会风险、心理风险和时间风险等（Chaudhuri，2000；Mitchell，1999；Stone 和 Granhaug，1993）。然而，Stone 和 Granhaug（1993）进一步发现心理风险是一个重要的中间变量，在其他风险类型与总风险水平之间起到了桥梁作用。因此，本研究进一步推测，心理风险可能是自变量影响品牌资产的中介变量。由此，得出假设 H_6：

H_6：在可辩解型产品伤害危机中，在企业应对策略、外界澄清、企业声誉影响品牌资产的过程中，心理风险充当了中介变量。

第四节 实证研究

本研究采用 2（企业声誉：好、坏）×2（外界澄清：有、无）×4（应对策略：辩解、攻击、缄默、和解）的组间设计（between - group design）。

一、刺激物设计

共设计四种刺激物，并使用学生样本进行了前测，以提高在正式实验中的刺激稳定性和成功可能性。具体情况如下：

1. 企业声誉

在网络上搜索 5 个牙膏生产企业的介绍，参照 Fombrun 和 Riel（1997）设计的刺激物进行调整。为排除已有消费经历的影响，我们将背景事件的企业命名为“A 企业”。企业声誉好的刺激物描述如下：“A 企业是全球领先的日用消费品公司，在 200 多个国家雇佣 40000 多名员工。……近 8 年来 A 企业的标准普尔信誉评级都在 A + 以上，过去 3 年入选绩效最好、风险最低的全球 100 强企业。……”企业声誉坏的刺激物描述如下：“A 企业前身是成立于 1968 年的地方国营丽水五七化工厂。……近年来，A 企业麻烦不断。为不断降低成本以增加出口产品的竞争力，一直没有实施生产线改造，生产污水直排造成闽江水系污染，并多次与闽江下游的农民发生纠纷。……2009 年 9 月，郴州生产基地又因克扣怀孕员工薪酬而被起诉。……”。

2. 可辩解型产品伤害危机

基于多个现实发生的产品伤害危机，着重考虑到产品的普适性、熟悉度、介入度，选择牙膏作为刺激物品类。分别以 2005 年“高露洁涉嫌致癌危机”和 2007 年“二甘醇牙膏危机”为原型，组合多家网站的报道，精炼修改文字，形成刺激物。刺激物中声称：牙膏中含有有害物质“二甘醇”，但含量较小，在法规允许范围内；但媒体报道说长期使用仍然有害，甚至会致癌。

3. 企业应对策略

从多个典型采用“辩解策略”、“和解策略”和“攻击策略”的产品伤害危机中（比如：高露洁涉嫌致癌危机、巨能钙涉嫌致癌危机、农夫山泉砷超标危机等），摘录应对策略的报道原文，进行整合调整，以便与牙膏品类对接。对于辩解策略，侧重提供否认（denial）、辩护（justification）的信息；对于和解策略，主要提供纠正（correction）、道歉（apology）的信息。对于“缄默策略”，则告诉被试：“A 企业至今没有对该事件发表任何观点”；对于攻击策略，则告诉被试，企业声称整个危机是媒体误报新闻，是竞争对手煽风点火、有意中伤。

4. 外界澄清

以 2007 年的“二甘醇牙膏危机”为背景，有外界澄清的刺激物描述如下：“××口腔医学会提供的报告称，长期使用二甘醇含量低于 15.6% 的牙膏不会对人体健康产生不良影响。目前，没有资料显示因使用二甘醇牙膏而直接导致人体中毒的案例。”在无外界澄清时，则不提供与之相关的文字。

二、实验程序

采用现场实验法（field experiment），以街头采访、上门访问等方式，寻找相对空闲的访问对象。实验及答题程序如下：首先，请被试阅读 A 企业的文字介绍，并请被试为 A 企业的声誉评分（这些打分用于操纵检验）；其次阅读可辩解型产品伤害危机、企业应对策略和外界澄清的刺激物，并评价心理风险和品牌资产（这些打分用于假设检验）；再次请被试从“应对策略、危机类型、危机真实性、消费者介入度”等方面回答刺激物中包含的信息（这些打分用于操纵检验）；最后是与被试人口统计特征相关的问题（这些打分用于样本描述）。在操纵检验的题项中，之所以要将企业声誉的测量放在最前面，是由于两个原因：一是避免产品伤害危机与企业声誉的交互影响，导致被试对企业声誉的打分不准确（Dawar 和 Pillutla，2000）；二是打分行为是一种行为承诺（behavioral commitment），而行为承诺有助于强化态度（Blanton，Pelham 和 Dehart *et al.*，2001），即有助于强化被试对企业声誉的评价。为减少现场实验的不可控性，安排访问员陪同被试答题，并在实验完成后说明研究意图。

三、变量测量

本研究的中介变量是心理风险，因变量是品牌资产。对于是心理风险的测量，参考 Stone 和 Granhaug（1993）的研究，使用 3 个题项："使用 A 品牌牙膏让我产生焦虑感"、"使用 A 品牌牙膏我会觉得紧张"、"我在使用 A 品牌牙膏时会产生很多担心"（Cronbach's Alpha 值为 0.89）。关于品牌资产，考虑产品伤害危机的负面性，综合参考 Aaker（1991）、Agarwal 和 Rao（1996）、Dawar 和 Pillutla（2000）、Keller（1993）、江明华和董伟民（2003）的研究，从 4 个维度进行测量：品牌态度、品牌信任、感知质量、购买意愿。量表也参考以上研究：品牌态度的测量包含 3 个题项（坏的—好的，消极的—积极的，不利的—有利的）；品牌信任的测量包含 3 个题项（不值得信任—值得信任，不可信赖—可信赖，不可靠—可靠）；感知质量的测量包含 2 个题项，分别从企业品牌、危机产品层面测量（低质量—高质量）；对于购买意愿，使用 2 个题项（肯定不会购买—肯定购买，不希望使用—希望使用），以上 10 个题项的 Cronbach's Alpha 值为 0.91。

在完成对中介变量和因变量的测量后，被试需要通过实验操纵的有效性、真实性检验。第一是企业声誉的测量。参考 Fombrun 和 Riel（1997）的研究，使用 3 个题项："A 企业是一家正直诚实的企业"，"A 企业是一家关注消费者利益的企业"，"A 企业是一家声誉很好的企业"（Cronbach's Alpha 值为 0.94）。第二是危机的同质性判断。参考 Dawar 和 Pillutla（2000）的研究，以对问题严重性（seriousness of problem）的打分来判断："A 品牌牙膏含有二甘醇是个严重问题"；此外，还设置了 1 个题项"A 品牌牙膏的二甘醇含量是否超过中国现有的法规标准"，这既是为确认被试对危机类型的判断，也是为鉴别被试是否仔细阅读、认真答题。第三是企业应对策略的测量。要求被试判断企业应对策略属于以下哪一类："澄清牙膏没有危险"，"对危机表现出沉默"，"承认过失承担责任"，"批评攻击指控者"，其他。第四是刺激物真实性的测量。使用3个题项："问卷中关于A企业的报道是真实的"，"问卷中关于A企业的报道是可信的"，"问卷中关于A企业的报道是源于现实的"（Cronbach's Alpha值为0.83）。第五是消费者介入度的测量。参照 Laurent 和 Kapferer（1985）的研究，使用2个题项："买错牙膏对我来说是个大问题"，"牙膏对我来说非常重要"（Cronbach's Alpha值为0.75）。

上述所有变量，除危机类型、应对策略的2个鉴别题项外，都使用11分 Likert 量表。对于英文题项，采用了"双盲"翻译方法，以确保表述准确。

四、分析和结果

1. 样本概况

实验在成都实施。共发放问卷400份，16个实验组，每组25份；因危机类型、应对策略判断错误等原因剔除73个样本，获得有效样本327个。从整体来看，由于选择了现场实验方法，且提醒访问员注意被试的性别、年龄均衡，样本的人口统计特征分布比较分散，具有较好的代表性，具体如表6.2。以品牌资产为因变量，以性别、年龄、教育程度、收入为自变量，构建回归模型，结果显示回归模型不显著（$F(10, 316)=1.41$，$p=0.173$），从而排除了人口统计特征变化可能给因变量带来的影响。

表6.2 样本概况

人口统计特征变量		样本数	百分比	累计百分比
性别	男	162	49.5%	49.5%
	女	165	50.5%	100.0%
年龄	16-29	163	49.9%	49.9%
	30-44	55	16.8%	66.7%
	45-59	54	16.5%	83.2%
	60及以上	55	16.8%	100.0%

续 表

人口统计特征变量		样本数	百分比	累计百分比
教育程度	高中/中专	117	35.8%	35.8%
	大专	72	22.0%	57.8%
	本科	70	21.4%	79.2%
	研究生	68	20.8%	100.0%
收入	1000 及以下	25	7.7%	7.7%
	1001－2000	118	36.1%	43.8%
	2001－4000	177	54.1%	97.9%
	4001－7000	7	2.1%	100.0%

2. 操控检验

第一是企业声誉。通过因子分析，从3个题项中提取出1个因子，解释方差的90.3%，作为企业声誉的取值。对于接受好、坏企业声誉刺激物的被试，他们对企业声誉的判断存在显著差异（$M_{企业声誉坏}=-0.96$，$M_{企业声誉好}=0.98$；$F(1, 325)=6194.89$，$p<0.001$）。对于接受好企业声誉刺激的8个实验组，他们对企业声誉的评价无显著差异（均值从0.93到1.03，$F(7, 157)=0.44$，$p=0.878$）；对于接受坏企业声誉刺激的8个实验组，他们的评价也无显著差异（均值从-1.03到-0.95，$F(7, 154)=0.73$，$p=0.650$）。以上方差分析说明，企业声誉的组间差异性、组内同质性被成功操控。

第二是危机同质性。方差分析发现，各组对问题严重性判断无显著差异（均值从7.44到8.28，$F(15, 311)=0.93$，$p=0.536$），说明不可辩解型产品伤害危机的同质性被成功操控。

第三是企业应对策略。共发放问卷400份；对于辩解、攻击、缄默、和解4种应对策略，每种策略对应100个原始样本；剔除误判企业类型、应对策略类型的73个样本，剩余有效样本数为80、80、85和82。第四是刺激物的真实性。从3个题项中提取1个因子，解释方差的74.7%，作为真实性得分；方差分析显示各组的真实性评价无差异（均值从-0.37到0.57，$F(15, 311)=1.11$，$p=0.343$）。第五是消费者介入度。以2个题项的均值作为介入度得分，方差分析显示被试对牙膏的介入度无显著差异（均值从5.97到6.91，$F(15, 311)=0.75$，$p=0.730$）。综上所述，数据通过了所有的操控检验，可以进一步开展假设检验。

3. 因变量

品牌资产共有 10 个题项，通过因子分析，提取出 1 个因子，解释方差的 54.0%，即为品牌资产。表 6.3 显示了各实验组对应的品牌资产测量结果：

表 6.3 各组的品牌资产

		企业声誉好		企业声誉坏	
		有外界澄清	无外界澄清	有外界澄清	无外界澄清
辩解策略	样本量	18	23	22	17
	均值	1.44	0.83	0.28	-0.33
	标准差	0.58	0.68	0.63	0.47
攻击策略	样本量	21	18	17	24
	均值	1.17	-0.07	-0.03	-0.85
	标准差	0.50	0.71	0.73	0.59
缄默策略	样本量	24	20	23	18
	均值	1.32	-0.62	0.19	-1.17
	标准差	0.55	0.31	0.61	0.31
和解策略	样本量	24	17	22	19
	均值	0.19	-0.74	-0.81	-1.34
	标准差	0.36	0.25	0.53	0.33

4. 假设检验

第一，讨论 H_1 及其相关假设。H_1 推测：就保护品牌资产而言，最优的是辩解策略，其次是攻击策略，然后是缄默策略，最差的是和解策略。方差分析显示，辩解策略显著优于攻击策略（$M_{攻击}=0.04$，$M_{辩解}=0.57$；$F(1, 158)=12.98$，$p<0.001$），攻击策略并不显著优于缄默策略（$M_{缄默}=0.03$，$M_{攻击}=0.04$；$F(1, 163)=0.93$，$p=0.929$），而缄默策略又优于和解策略（$M_{缄默}=0.03$，$M_{和解}=-0.63$；$F(1, 165)=22.44$，$p<0.001$）。因此，H_{1a}、H_{1b} 得到验证，但 H_{1c} 没有得到验证；H_1 仅得到部分支持。

第二，检验 H_2。H_2 推测：与无外界澄清相比，有外界澄清更有利于保持品牌资产；方差分析显示，有外界澄清时，品牌资产确实更高（$M_{无外界澄清}=-0.51$，$M_{有外界澄清}=0.47$；$F(1, 325)=103.34$，$p<0.001$）。因此，H_2 得到完全支持。

第三，检验 H_3。H_3 推测：外界澄清会负向调节企业应对策略对品牌资产的影响。通过建立饱和回归模型，发现“无外界澄清”对企业应对策略的调节作用显著为正（$\beta_{无外界澄清 \times 和解}=0.84$，$p=0.001$；$\beta_{无外界澄清 \times 攻击}=0.48$，$p=0.043$；$\beta_{无外界澄清 \times 辩解}=0.76$，$p=0.002$；其余系数被回归模型默认为基准对照水平），这说明外界澄清起到的是负向调节作用。因此，H_3 得到完全支持。

为了进一步了解这种负向调节作用的效果，我们进一步分析：在有外界澄清的情况下，企业应对策略之间的优劣排序会有什么变化。在有外界澄清时，通过方差分析得知：辩解策略与攻击策略无显著差异（$M_{攻击}=0.66$，$M_{辩解}=0.80$；$F(1, 76)=0.54$，$p=0.463$），攻击策略与缄默策略无显著差异（$M_{攻击}=0.66$，$M_{缄默}=0.77$；$F(1, 83)=0.34$，$p=0.564$），缄默策略与辩解策略也无显著差异（$M_{缄默}=0.77$，$M_{辩解}=0.80$；$F(1, 83)=0.04$，$p=0.840$）；而三者中均值最小的攻击策略则仍然显著优于和解策略（$M_{和解}=-0.29$，$M_{攻击}=0.66$；$F(1, 82)=33.82$，$p<0.001$）。将以上分析与 H_1 的检验结果相比，可以发现差异在于：外界澄清的存在，使辩解策略的优势变得不再显著，淡化了它与攻击策略、缄默策略之间的差异。

第四，检验 H_4。H_4 推测：企业声誉越高，则品牌资产越高。方差分析显示，企业声誉好时，品牌资产确实更高（$M_{企业声誉坏}=-0.49$，$M_{企业声誉好}=0.48$；$F(1, 325)=100.68$，$p<0.001$）。因此，H_4 得到完全支持。

第五，检验 H_5。H_5 推测在可辩解型产品伤害危机中，企业声誉会正向调节应对策略对品牌资产的保护效果。但在方差分析却显示，这一调节作用不显著（$F_{企业声誉 \times 企业应对策略}=1.44$，$p=0.230$），这与 H_5 的推测完全不一致。虽然 H_5 没有得到支持，但在验证 H_3 时我们已发现，外界澄清对企业应对具有显著的负向调节作用；因此，企业声誉的调节作用不显著，很可能是由于外界澄清的调节作用过于强烈，而抑制了企业声誉的调节作用。为验证这一推测，以有、无外界澄清为标准，将总体数据分为两个子数据集，分别检验企业声誉的调节作用。在有外界澄清的情形下，企业声誉的调节作用完全不显著（$F_{企业声誉 \times 企业应对策略}=0.18$，$p=0.911$）；但是在无外界澄清、企业采取辩解策略时，企业声誉的调节作用显著为正（$\beta_{企业声誉好 \times 辩解}=0.61$，$p=0.008$；

$\beta_{企业声誉好 \times 攻击}=0.23$，$p=0.314$；$\beta_{企业声誉好 \times 和解}=0.04$，$p=0.847$；其余系数被回归模型默认为基准对照水平）。综合以上分析，可以得知：企业声誉的正向调节作用，仅发生在无外界澄清、企业采取辩解策略的条件下。因此，H_5 仅得到部分支持。

第六，检验 H_6。H_6 推测在可辩解型产品伤害危机中，心理风险是品牌资产的中介变量。对中介变量的分析，采用 Sobel 检验（Sobel，1982），并为此构建了 3 个回归模型。回归 a 以企业应对策略、外界澄清、企业声誉及其交互项为自变量，以心理风险为因变量；回归 b 以心理风险为自变量，品牌资产为因变量；回归 c 以企业应对策略、外界澄清、企业声誉及其交互项为自变量，品牌资产为因变量；具体情况如表 6.4。计算中介作用的前提条件是：回归 b 显著，且自变量在回归 a 和 c 中同时显著（Baron 和 Kenney，1986）。从表 6.4 的分析结果来看，对于满足这一前提条件的所有自变量（包括自变量的交互项），心理风险的中介作用都非常显著。因此，H_6 得到有力支持。

第五节　讨论与启示

在可辩解型产品伤害危机中，虽然从法规上企业讲没有过失，但如果处理不好，仍然会对品牌造成非常负面的影响，三株口服液、巨能钙都是典型的例子。因此，正确理解可辩解型产品伤害危机对品牌资产的影响具有重要意义。可辩解型产品伤害危机发生后，企业最关注的问题就是应对策略的选择；但在营销实践中，营销主管通常都是依靠经验和感觉来回答这些问题（Siomkos 和 Kurzbard，1994）。而且他们的直觉判断也不统一，有的采取辩解策略，有的采取和解策略，有的干脆采取缄默策略或攻击策略；有的邀请外界机构协助澄清，有的却选择独自应对……不管营销主管如何看待上述问题，依靠经验和直觉得出的观点都有待于通过实证研究来验证。

表 6.4　基于饱和回归模型的 Sobel 检验

	回归 a：心理风险			回归 b：品牌资产			回归 c：品牌资产			Sobel 检验	
	系数	标准差	显著性	系数	标准差	显著性	系数	标准差	显著性	Z 值	显著性
截距	0.24	0.11	0.034	0.00	0.02	1.000	0.19	0.11	0.082		
企业应对（和解）	-1.05	0.16	<0.001				-1.01	0.16	<0.001	6.50	<0.001
企业应对（攻击）	-0.18	0.17	0.286				-0.16	0.17	0.350		
企业应对（辩解）	-0.01	0.16	0.930				0.09	0.16	0.583		
外界澄清（无）	-1.50	0.17	<0.001				-1.37	0.17	<0.001	8.67	<0.001
企业声誉（好）	1.02	0.16	<0.001				1.12	0.16	<0.001	6.32	<0.001
企业声誉×企业应对（好×和解）	-0.07	0.22	0.746				-0.12	0.22	0.580		
企业声誉×企业应对（好×攻击）	0.13	0.24	0.579				0.02	0.23	0.945		
企业声誉×企业应对（好×辩解）	0.22	0.23	0.354				0.04	0.23	0.874		
外界澄清×企业应对（无×和解）	1.04	0.24	<0.001				0.84	0.24	0.001	4.31	<0.001
外界澄清×企业应对（无×攻击）	0.61	0.24	0.012				0.48	0.24	0.043	2.53	0.011
外界澄清×企业应对（无×辩解）	1.03	0.24	<0.001				0.76	0.24	0.002	4.27	<0.001
企业声誉×外界澄清（好×无）	-0.46	0.24	0.053				-0.37	0.23	0.093		
企业声誉×外界澄清×企业应对（好×无×和解）	0.08	0.34	0.807				0.17	0.33	0.615		
企业声誉×外界澄清×企业应对（好×无×攻击）	0.14	0.34	0.687				0.21	0.33	0.530		
企业声誉×外界澄清×企业应对（好×无×否认）	0.28	0.34	0.410				0.57	0.33	0.090		
心理风险				0.96	0.02	<0.001					
F 值			48.78			3683.60			51.35		
显著水平			<0.001			<0.001			<0.001		
R^2			0.651			0.919			0.662		

注：（1）心理风险的三个题项，提取一个因子解释方差 81.9%，即为心理风险；（2）在三个回归中，部分变量系数缺失，如：企业应对（缄默）、外界澄清（有）、企业声誉（坏），是由于回归模型将其默认为基准对照水平（系数为 0、标准差缺失），因此在表中就没有列出。

为实现这一目的，本研究运用实验法展开研究，得到四个方面的研究结论。第一是关于企业应对策略：最优的是辩解策略，能有效减低心理风险，减少负面品牌信念，降低对品牌资产的不利影响；最差的是和解策略，不能减低心理风险，因而会对品牌资产造成损害；缄默策略和攻击策略的效果居中。第二是关于外界澄清：有外界澄清的效果远远优于企业单独应对，而且还会负向调节企业应对策略对品牌资产的影响，淡化企业应对策略之间的差异，给企业更大的操作空间。第三是关于企业声誉：在“无外界澄清、采取辩解策略”的条件下，企业声誉将正向调节企业应对策略对品牌资产的影响作用。第四是关于心理风险，本研究证实：心理风险是各种自变量影响品牌资产的中介变量。

在理论上，本研究有四点贡献。一是从应对策略来看：通过两两对比的方式，验证了可辩解型产品伤害危机的最优应对策略。二是从品牌资产来看，在可辩解型产品伤害危机中，探讨了企业声誉、外界澄清、企业应对策略、心理风险等变量对品牌资产的影响机制。三是从调节变量来看，发现了外界澄清的负向调节作用和企业声誉的正向调节作用。这将有助于解释：为什么经历类似的危机、采取类似的企业应对策略，但各个企业遭受的损失却不一样？四是从中介变量来看，在可辩解型产品伤害危机中，证实了心理风险对品牌资产的强烈中介作用。

在实践上，本研究为有效应对可辩解型产品伤害危机提供了参考依据。企业在应对可辩解型产品伤害危机上往往缺乏理论指导，实践环节上存在大量的问题；企业是人运作的，所以很多企业在应对危机的时候，会呈现出人应对危机的弱点——对危机的处理反应太过直接，缺乏整体性和系统性（Mitroff 和 Pauchant，1990）。要解决这一问题，可以从四个方面着手：一是在产品伤害危机发生后，尽快确认危机类型。如果企业自身不能确认产品是否违规，可以采取向质检部门送检的方式予以确认；在“亨氏奶粉转基因危机”、“高露洁涉嫌致癌危机”中，两家企业通过向质检部门主动送检产品，确认了自身是否负有责任。二是选择正确的企业应对策略。和解策略能让企业显得更积极、更负责，但却无助于降低消费者的心理风险，并不利于保护品牌资产；坚持运用辩解策略才有最优选择。三是争取外界机构协助澄清。外界机构的可知觉专家性和可知觉信耐性更高，更有利于消除心理风险、保护品牌资产，应该积极争取。四是注重企业声誉的经营和累积。先前的研究已经发现企业声誉能正向影响从股票价格到员工道德的一系列因素（Hearit，2001），但是它的积极意义不仅于此。在可辩解型产品伤害危机中，在没有外界澄清条件下，如果选择了最优的企业应对策略（即辩解策略），企业声誉还能正向调节应对策略对品牌资产的影响。所以，为有效应对可能出现的可辩解型产品伤害危机，还可以从平常入手，通过公益事业营销、社会责任活动等手段，塑造正面的企业声誉。

此外，本研究对政府质量安全工作有一点启示，即产品伤害危机发生后，应积极介入处理，尽早确认产品是否违规。在2006年发生的“SK－Ⅱ涉嫌含重金属危机”中，多个政府机构先后做出矛盾的裁定结果，且3个月后才最终协助企业澄清产品无害性，让企业感觉无所适从。又以2009年发生的“益力多涉嫌含糖过高危机”为例，国家至今在这方面没有质量标准，企业无法判断危机类型；每当某些医学机构声称含糖过高可能导致不健康时，企业难以决策采取哪种应对策略，不知是召回产品更好、还是应该据“法”力辩。

第六节　局限和展望

本研究存在三个局限。一是实验中使用的是虚拟品牌，跟现实有差异。对于被试而言，阅读一段文字而形成的品牌联想，与现实中的多次接触到品牌相比，不管是在强度、独特性等方面都存在差异。二是研究结论的普适性有待验证。牙膏对快速消费品具有较好的代表性；其结论对于其他类型产品是否适用，有待通过跨产品类型的比较研究来进一步验证。三是在研究中没有考虑时间滞后因素。实验中所有的刺激物都是同时提供给被试。但是在现实中，可辩解型产品伤害危机、企业应对策略、外界澄清往往不是同时发生的，以2006年发生的“SK－Ⅱ涉嫌含重金属危机”为例，这场危机从爆发到彻底平息总共持续了约90天，同年发生的“芬达、美年达涉嫌致癌危机”仅持续了6天；而先前的研究发现，时间因素可能会影响消费者在产品伤害危机中的认知（Cleeren，Dekimpe和Helsen，2008），因此，可能也会影响到品牌资产。深入讨论第三个问题，对企业的借鉴意义较大，适合用组内设计（within－group design）继续开展研究。

第七章　不可辩解型产品伤害危机应对策略对品牌资产的影响研究

第一节　引　言

产品伤害危机（product harm crisis）是指偶尔出现并被广泛宣传的关于某个产品是有缺陷或是对消费者有危险的事件（Siomkos 和 Kurzbard，1994）。基于持续经营的假设，产品伤害危机的发生、缺陷产品的召回，对于任何一家企业而言只是个时间问题，难以准确预测、提前预防（Berman，1999）。而一旦产品伤害危机发生，就会对销售业绩、市场份额、股票价格和品牌资产造成负面影响（Pruitt 和 Peterson，1985）。

不可辩解型产品伤害危机一旦发生，就会对公司的多个方面造成负面影响（Coombs 和 Holladay，2001；Pullig，Netemeyer 和 Biswas，2006）。

尽管该领域研究逐渐深入，并取得了许多成果，但是不可辩解型产品伤害危机及其应对策略对品牌资产的影响还没有深入探讨，而这一问题却是十分关键的。这是因为，品牌资产是沉淀企业信誉、累积企业资产的重要载体，构建于顾客的信念和品牌知识之上，是一种重要但却脆弱的无形资产（Keller，1993）。因此，不可辩解型产品伤害危机对品牌资产的消极影响不容忽视。那么，采用怎样的应对策略才能有效降低不可辩解型产品伤害危机对品牌资产的影响？本研究将从公平理论和心理账户理论的视角，探索不同应对策略对品牌资产的影响及其机制。

第二节 理论和现实背景

一、危机应对理论

应对策略是学界和企业关注的重要课题。成功的应对策略具有四种好处：一是加强企业与顾客的关系（Blodgett Donna 和 Jeffrey，1997；Smith，Bolton 和 Wagner，1999）；二是消除负面影响（Hoffman，Kelley 和 Rotalsky，1995；Kelley，Douglas Hoffman 和 Davis，1993）；三是维持或提升购买意愿（Peterson 和 Wilson，1992）；四是减少顾客流失（Schneider 和 Bowen，1999）。相反，不合理应对策略比产品或服务失败本身更容易导致顾客流失（Hoffman，Kelley 和 Rotalsky，1995；Kelley，Douglas Hoffman 和 Davis，1993）。

有多位学者对应对策略的分类展开了研究。有研究者以“平息—恶化”（mitigation - aggravation）标准来分类应对策略（Mclaughun，Cody 和 O'Hair *et al.*，1983），平息策略表达对受害者的关心并承认企业有过失，而恶化策略主要是保护企业形象并否认企业存在过失。有研究者以“否认—道歉”标准来分类应对策略（Griffin，Babin 和 Attaway，1991），将应对策略分为否认（denial）、缄默（reticence）、道歉（apology）三类。有研究者以“和解—辩解”（accommodative - defensive）标准来分类应对策略（Marcus 和 Goodman，1991），和解策略意味着承担责任、采取修复行动，而辩解策略否认则存在问题、拒绝承担责任。有研究者借鉴“和解—辩解”分类标准，又以“否认—纠正”（denial - corrective）为标准来分类应对策略（Siomkos 和 Shrivastava，1993）。有学者又提出了企业应对是从“明确否认责任”到“明确承担责任”之间的连续函数的观点（Dawar 和 Pillutla，2000）。方正将企业应对细分为纠正措施、积极澄清、置之不理和对抗反驳等四大类（方正，2007）。有学者提出情感性应对，功能性应对和信息性应对三种道歉性应对策略（Xie 和 Peng，2009）。

综合分析以上分类标准，可以发现这些应对策略都包含以下内容：情感性应对（affective repair）、信息性应对（informational repair）和纠正性应对（corrective repair）；其中，情感性应对包括道歉、表示同情和懊悔等方式，纠正性应对包括经济赔偿和防止再犯的措施等，信息性应对包括及时有效的信息沟通。本研究将探索这三类应对策略对品牌资产的影响。

二、感知公平理论

社会学研究发现公平是人类的基本需要（Berry，1995）。如果人们感觉自己所获的投入—产出比与其他相关者的投入—产出比接近时，他们就会认为该结果是公平的（Adams，1965）。社会学主要从分配、过程和交互三个维度来研究公平，认为每个维度都分别与交换中所获得的一种结果相对应（Bies 和 Moag，1986；Greenberg，1990）。具体而言，分配公平（Distributive Justice）指资源分配和一次交易结果的公平性（Adams，1965；Deutsch，1975）；过程公平（Procedural Justice）指用来制定决策的流程或标准的公平性（Gergen，1977；Lind 和 Tyler，1988；Thibaut 和 Walker，1975）；交互公平（Interactional Justice）指信息和结果的传达方式和态度体现出的公平性（Bies 和 Moag，1986；Bies 和 Shapiro，1987）。

公平理论可以应用到任何投入—产出的交换过程中（Oliver 和 Swan，1989）。就不可辩解型产品伤害危机而言，可以把顾客损失看做一种投入，把企业的应对策略看做顾客获得的一种产出。这个投入—产出的交换过程中体现的公平性同样会影响顾客的态度和认知。学者们发现公平评价会影响顾客满意度和重购意愿（Blodgett Donna 和 Jeffrey，1997；Oliver 和 Swan，1989），而且顾客对不公平的反应比公平更为强烈（Schneider 和 Bowen，1999）。因此，本研究从感知公平理论的视角，探索应对策略发挥作用过程中的心理机制。

三、心理账户理论

在人的头脑中，会把实际上等价的支出或收益划分不同的价值，即心理账户（Thaler，1980）。与经济账户里的每一元钱都是等价的、可以替代的有所不同，心理账户中相同的支出和收益却有不同的含义，人们对其态度也不同，从而据此产生不同的决策和行为。心理账户的主要特征就是非替代性，即不同心理账户中的内容对个体的意义是不同的，难以相互替代。

心理账户理论形成后，在消费者行为领域也得到了证实和应用。不同心理账户中的内容会对顾客认知、态度和行为产生不同的影响（Thaler，1999）。服务失败领域的研究发现，顾客会对服务失误进行分类，将其划入不同的心理账户，然后基于对每个“账户”的评估做出相应的反应（Mohr 和 Bitner，1995）。按照这个思路，顾客会将感知公平的不同维度并划入不同的心理账户，即分配公平、过程公平和交互公平分属于三个心理账户。可以推测，由于所属的心理账户不同，应对策略会对感知公平的三个维度产生不同的影响。这是因为，与心理账户相似性较高的投入，可以带来较高权重的投入感知（Thaler，1985）。如果应对策略与感知公平的某个维度相似性较高，则该策略会对相应维度影响更大。因此，本研究将心理账户理论作为探索应对策略发挥作用过程中的心理机制的另外一个理论视角。

第三节 研究假设

基于以上文献回顾，本研究提出了研究模型（见图 7.1）。研究模型主要包含四类变量：一是应对策略，二是感知公平，三是应对满意度，四是品牌资产。

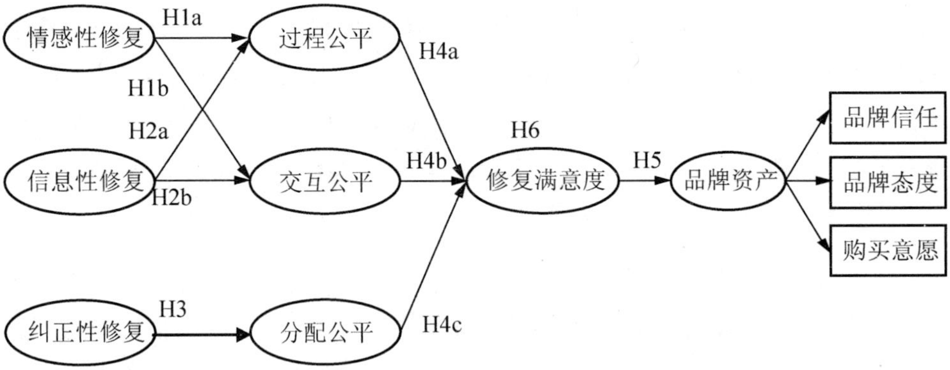

图 7.1 研究模型

注：本研究将品牌信任、品牌态度和购买意愿作为一阶因子，将品牌资产作为二阶因子。

一、应对策略和感知公平的关系

根据心理账户理论的观点，不可辩解型产品伤害危机发生后，顾客会根据应对策略与感知公平的三个维度的相似性，将三类应对策略与感知公平的三个维度所处的心理账户相匹配。如果匹配程度高，那么该应对策略就会对相应感知公平维度的影响更大。因此，可以推测不同应对策略对感知公平的不同维度的影响不同。

就情感性应对而言，其主要方式是道歉、同情与表示懊悔。虽然情感性应对不能增加顾客获得的物质利益，但是可以向顾客传递出正面的情感信息，如承认过失的意愿、对后果的后悔和承担责任的愿望。这能给顾客留下比较好的印象，使顾客认为公司关注问题的解决，而不是掩盖现实或逃避责任（Xie 和 Peng，2009），有利于顾客形成对企业制定决策的流程或标准的合理性的认识。因此，本研究推测情感性应对能使顾客相信公司是从关心顾客的角度来处理不可辩解型产品伤害危机，增加顾客对处理过程的信任，提升感知过程公平。有研究证实，道歉作为情感性应对的重要方式，能够提升感知过程公平（Blodgett Donna 和 Jeffrey，1997；Clemmer 和 Schneider，1996）。根据此，本研究得出研究假设 *H*1a：

*H*1a：在不可辩解型产品伤害危机中，情感性应对能够正向影响感知过程公平。

此外，情感性应对还可以增加企业传递信息的可接受性。在交易型关系中，道歉是受害方重新给予犯错者尊重的有效手段（Walster，Hatfield 和 Walster *et al.*，1978），有利于人际交互和沟通（Goodwin 和 Ross，1989，1992；Greenberg，1990），从而增加感知交互公平。根据此，本研究得出研究假设 *H*1b：

*H*1b：在不可辩解型产品伤害危机中，情感性应对能够正向影响感知交互公平。

就信息性应对而言，其主要方式是在不可辩解型产品伤害危机的处理过程中及时、诚实地沟通和公布信息。前期的研究已经证实沟通可以消除共同的怀疑、统一预期，并有助于产生信任，而且公布信息越及时效果就越好（Moorman，Zaltman 和 Deshpande，1992；Yousafzai，Pallister 和 Foxall，2005）。

及时可靠的信息可以使顾客了解不可辩解型产品伤害危机及其处理过程，减少顾客对企业制定决策的流程或标准的猜疑，从而增加对其合理性的认识。因此，企业及时发布相关信息，让顾客了解不可辩解型产品伤害危机的发生原因、处理过程、处理结果，有助于增加顾客的感知过程公平。根据此，本研究得出研究假设 *H*2a：

*H*2a：在不可辩解型产品伤害危机中，信息性应对能够正向影响感知过程公平。

此外，信息性应对是企业主动与顾客沟通，表现出企业的积极态度，有利于形成顾客对信息和结果的传达方式的良好印象，让顾客意识到企业是以积极主动的态度来应对不可辩解型产品伤害危机。另外，信息性应对即向顾客传递了信息，还给顾客与企业进行沟通的方式，为顾客参与交互提供了机会和条件。这两方面都有利于增加顾客的感知交互公平。根据此，本研究得出研究假设 *H*2b：

*H*2b：在不可辩解型产品伤害危机中，信息性应对能够正向影响感知交互公平。

就纠正性应对而言，其主要方式是经济补偿和采取防范措施等手段。特别是经济补偿，可以使顾客获得物质利益以补偿顾客在交换过程中的损失。在交易关系中，当一方伤害另一方时，补偿是应对感知公平的方式之一（Walster，Hatfield，Walster 和 Berscheid，1978）。就感知公平的具体维度而言，补偿是影响分配公平最重要的方式（Tax，Brown 和 Chandrashekaran，1998）。根据此，本研究得出研究假设 *H*3：

*H*3：在不可辩解型产品伤害危机中，纠正性应对能够正向影响感知分配公平。

二、感知公平和顾客满意的关系

顾客会基于感知公平，做出满意程度的判断（Oliver，1993）。公平评价会影响顾客满意度和重购意愿（Blodgett Donna 和 Jeffrey，1997；Oliver 和 Swan，1989）。大量研究已经证实，感知公平与顾客满意度之间存在显著的正相关关系（Clemmer 和 Schneider，1996；Goodwin 和 Ross，1992；Tax，Brown 和

Chandrashekaran，1998；金立印，2005）。根据此，本研究得出研究假设 *H*4：

*H*4：在不可辩解型产品伤害危机中，感知过程公平（a）、交互公平（b）和分配公平（c）能够正向影响应对满意度。

三、顾客满意和品牌资产的关系

参考多位学者对品牌资产的研究，本研究发现品牌态度、品牌信任和购买意愿是品牌资产的核心维度（Aaker，1991；Agarwal 和 Rao，1996；Dawar 和 Pillutla，2000；Keller，1993；江明华和董伟民，2003）。现有研究发现，满意度会影响品牌态度、品牌信任和购买意愿等因素。就品牌态度而言，满意是品牌态度的前置变量，满意度越高，品牌态度越高（Bennett，2010；Jones 和 Suh，2000）；就顾客信任而言，满意是产生顾客信任的重要因变量（Bloemer 和 Odekerken - Schroder，2002；Geyskens 和 Steenkamp，1995；Ranaweera 和 Prabhu，2003），具体到不可辩解型产品伤害危机中，应对满意度会正向影响顾客信任（Tax，Brown 和 Chandrashekaran，1998）。就购买意愿而言，现有研究已经证实应对满意度正向影响购买意愿（Kelley，Douglas Hoffman 和 Davis，1993）。根据此，本研究得出研究假设 *H*5：

*H*5：在不可辩解型产品伤害危机中，应对满意度能够正向影响品牌资产。

根据 *H*4 和 *H*5 可以看出，顾客对应对策略的感知公平通过影响应对满意度来影响品牌资产，即应对满意度具有中介作用。根据此，本研究得出研究假设 *H*6：

*H*6：在不可辩解型产品伤害危机中，应对满意度在过程公平（a）、交互公平（b）和分配公平（c）与品牌资产之间具有中介作用。

第四节 研究方法

本研究主要探讨三种应对策略对品牌资产的影响，因此本研究采用 2（情感性应对：有、无）×2（信息性应对：有、无）×2（纠正性应对：有、无）的组间设计（between - group design），并使用同质的学生样本。

一、刺激物设计

本研究共设计两种刺激物：一是不可辩解型产品伤害危机刺激物，二是应对策略刺激物。具体情况如下：

就不可辩解型产品伤害危机的刺激物而言，本研究基于多个现实发生的不可辩解型产品伤害危机，着重考虑到产品的普适性、顾客的熟悉度，选择牙膏作为刺激物品类。本研究对不可辩解型产品伤害危机描述以2005年"高露洁涉嫌致癌危机"和2007年"二甘醇牙膏危机"为原型，组合多家网站的报道，精炼修改文字，形成不可辩解型产品伤害危机刺激物。为了消除被试原有品牌知识的影响，本研究采用虚拟品牌。

就应对策略的刺激物而言，本研究从多个典型采用情感性应对、信息性应对和纠正性应对的不可辩解型产品伤害危机中，摘录应对策略的报道原文，进行整合，并调整描述以便与牙膏品类对接。对于情感性应对，侧重提供企业道歉和请求原谅的信息，没有采用时则描述为"至今没有向顾客道歉"。对于信息性应对，侧重提供企业积极主动沟通的信息，没有采用时则描述为"至今未向外发布危机处理的相关信息"；对于纠正性应对，侧重提供经济补偿的信息，没有采用时则描述为"至今没有对受害顾客给予经济补偿，也没有召回有害牙膏"。本研究采用9个11分Likert量表（最小分值为1分，最大分值为11分，分值越高表示越同意）对刺激物进行了前测。共有与正式调查样本来自同一总体的18名学生参加了前测，本研究通过题项得分与中间值（5分）做单样本t检验来验证操控效果，结果显示被试能够准确识别三种应对策略（$M_{情感性应对}=8.20$，$p<0.01$；$M_{信息性应对}=9.00$，$p<0.01$；$M_{纠正性应对}=8.46$，$p<0.01$）。

二、实验程序

实验在大学课堂上进行，所有被试都是在校本科生。问卷包含三个部分：一是不可辩解型产品伤害危机和应对策略描述，二是应对策略、感知公平、应对满意度和品牌资产的测量量表，三是人口统计特征题项。

三、变量测量

正式调查问卷均采用 11 分 Likert 量表（最小分值为 -5，最大分值为 5，分值越高表示越同意）。对于应对策略的测量，本研究参考 Xie 和 Peng（2009）的量表，并根据刺激物的具体情况与本研究对接，每种策略分别从三个角度测量；对于感知公平和应对满意度的测量，本研究采用 Maxham 和 Metemeyer（2003）的量表。对于品牌资产的测量，本研究综合参考 Aker（1991）、Keller（1993）、Agarwal 等（1996）、Niraj 等（2000）和江明华等（2003）的量表，从品牌态度、品牌信任和购买意愿三个角度测量。对于英文题项，采用了“双盲”翻译方法，以确保表述准确。具体量表见表 7.1。

除应对策略外，性别差异也可能影响顾客对不可辩解型产品伤害危机及其应对策略的态度和认知。生物学和社会学研究指出，与男性相比，女性更谨慎且个性更温和（Campbell 和 Henry，1999），并更害怕被侵犯或伤害（Harris 和 Miller，2000），由此可以推断性别差异会影响顾客对不可辩解型产品伤害危机及其应对策略的态度和认知。因此本研究将性别作为控制变量来处理。

第五节　数据分析

一、样本概况

某高校 280 名本科学生参加了此次实验，剔除回答有误和误判应对策略类型的样本，剩余有效样本 235 个。其中 87 位男性和 148 位女性，女性样本占 63.0%，比重较大。

二、操控检验

本研究主要对应对策略和共同方法偏差进行操控检验。

本研究采用方差分析对三种应对策略进行操控检验。分析结果显示，三种应对策略被成功操控。具体来说，在采用情感性应对的情景下，被试对情感性应对的感知显著高于未采用情感性应对的情景（$M_{情感性应对}=0.64$，$M_{无情感性应对}=-0.52$；$F(1, 233)=116.22$，$p<0.01$）；在采用信息性应对的情景下，被试对信息性应对的感知显著高于未采用信息性应对的感知（$M_{信息性应对}=0.47$，$M_{无信息性应对}=-0.47$；$F(1, 233)=65.46$，$p<0.01$）。在采用纠正性策略的情景下，被试对纠正性应对的感知显著高于未采用纠正性应对的情景（$M_{纠正性应对}=0.58$，$M_{无纠正性应对}=-0.57$；$F(1, 233)=115.30$，$p<0.01$）。

本研究采用单因素法检验共同方法偏差。本研究利用因子分析对29个题项提取公因子，结果显示没有单一因子解释29个题项的变异，说明共同方法偏差对本研究影响较小（Podsakoff 和 Organ，1986）。

三、测量模型

1. 量表信度

本研究检查量表的内部一致性信度。以下三个方面说明量表信度较高（见表7.1）：（1）整体量表内部一致性信度为0.97；（2）各潜变量量表内部一致性信度均大于0.9；（3）验证性因子分析的载荷均大于0.8，大部分载荷大于0.9。

表7.1　量表信度

潜变量	题项	因子载荷	信度
情感性应对策略	1. A公司在处理危机时，做出了明显的道歉	0.92	0.94
	2. 在处理危机时，A公司向消费者表达了歉意	0.97	
	3. 在处理危机时，A公司恳请消费者给予原谅	0.86	
信息性应对策略	4. 在危机处理过程中，A公司主动向消费者提供信息	0.89	0.92
	5. 危机中受害的消费者，有渠道向A公司了解危机处理进程	0.90	
	6. 在危机处理的同时，A公司主动对外公布信息	0.94	
纠正性应对策略	7. 对消费者受到的损失，A公司给予了经济赔偿	0.91	0.93
	8. 危机发生后，为防止有害产品继续扩散，A公司采取了有效措施	0.86	
	9. 在处理危机时，A公司运用了经济赔偿手段	0.92	

续　表

潜变量		题项	因子载荷	信度
分配公平		10. A公司的处理结果是积极的	0.86	0.91
		11. A公司的处理结果是公平的	0.91	
		12. A公司的处理结果有利于消费者	0.90	
过程公平		13. A公司在处理危机过程中，真的想做到公平	0.91	0.92
		14. A公司在处理危机过程中，尽到了最大努力	0.90	
		15. A公司在处理危机过程中，是诚实、道德的	0.85	
交互公平		16. A公司处理危机的过程是透明的	0.89	0.93
		17. A公司处理危机的信息是公开的	0.93	
		18. A公司及时发布了危机处理信息	0.89	
应对满意度		19. 对A公司的整个危机处理，我感到很满意	0.93	0.91
		20. 对受伤害的消费者而言，A公司给出了一个满意的解决方案	0.91	
品牌资产	品牌信任	21. 从危机处理过程来看，我信任A公司	0.94	0.93
		22. 从危机处理过程来看，我相信A品牌	0.94	
		23. 从危机处理过程来看，A品牌是诚实的	0.83	
	品牌态度	24. 危机过后，我仍然喜欢A品牌	0.94	0.92
		25. 危机过后，我对A品牌有好感	0.93	
		26. 危机过后，我对A品牌的评价是正面的	0.82	
	购买意愿	27. 如果在超市里看到A牙膏，我可能会购买	0.90	0.92
		28. 当有多种类似品牌出现时，我仍然会购买A品牌	0.91	
		29. 如果我以前是A品牌的顾客，我将继续购买A品牌	0.88	
整体量表				0.97

注：因子载荷为验证性中的因子载荷。

2. 量表效度

本研究检查量表的收敛效度和聚合效度。就收敛效度而言，各潜变量量表的内部一致性信度均大于0.9（见表7.1），并且潜变量解释的平均方差（AVE）均大于0.7（见表7.2），说明量表具有收敛效度（Fornell和Larcker，1981）；就区别效度而言，除了品牌信任、品牌态度和购买意愿，其他七个潜变量解释的平均方差的根均大于与其他潜变量的相关系数（见表7.2）。由于品牌信任、品牌态度和购买意愿都是品牌资产，本研究对每个因子三个测量题项分别求均值，作为对品牌资产的测量，分析结果显示品牌资产潜变量解释的平均方差的根均大于与其他潜变量的相关系数（见表7.3）。以上说明量表具有区别效度（Fornell 和 Larcker，1981）。本研究以下的数据分析都是基于品牌信任、品牌态度和购买意愿题项平均化后的测量。

表7.2 （未合并品牌资产时）潜变量的相关系数和潜变量解释的平均方差（AVE）

	情感性应对	信息性应对	纠正性应对	分配公平	过程公平	交互公平	应对满意度	品牌信任	品牌态度	购买意愿
AVE	0.84	0.83	0.80	0.79	0.79	0.81	0.85	0.82	0.81	0.80
情感性应对	0.92									
信息性应对	0.44	0.91								
纠正性应对	0.47	0.51	0.89							
分配公平	0.51	0.70	0.66	0.89						
过程公平	0.41	0.54	0.79	0.85	0.89					
交互公平	0.49	0.58	0.58	0.87	0.81	0.90				
应对满意度	0.45	0.66	0.55	0.86	0.78	0.90	0.92			
品牌信任	0.43	0.57	0.47	0.74	0.66	0.80	0.84	0.90		
品牌态度	0.37	0.49	0.41	0.68	0.57	0.71	0.74	0.95	0.90	
购买意愿	0.36	0.42	0.41	0.60	0.54	0.67	0.70	0.84	0.91	0.89

注：对角线上的数字为潜变量解释的平均方差的根。

表7.3 （合并品牌资产后）潜变量的相关系数和潜变量解释的平均方差（AVE）

	情感性应对	信息性应对	纠正性应对	分配公平	过程公平	交互公平	应对满意度	品牌资产
AVE	0.84	0.83	0.80	0.79	0.79	0.81	0.85	0.84
情感性应对	0.91							
信息性应对	0.44	0.91						
纠正性应对	0.47	0.51	0.89					
分配公平	0.51	0.71	0.66	0.89				
过程公平	0.41	0.54	0.79	0.85	0.89			
交互公平	0.49	0.58	0.58	0.87	0.81	0.90		
应对满意度	0.45	0.66	0.55	0.86	0.78	0.90	0.92	
品牌资产	0.39	0.52	0.45	0.70	0.61	0.75	0.79	0.92

注：对角线上的数字为潜变量解释的平均方差的根。

3. 模型拟合

本研究先验证测量模型，再验证结构方程模型（Anderson 和 Gerbing，1988）。测量模型拟合结果显示，$\chi^2=439.14$，df = 202，$\chi^2/d=2.17$，RMSEA = 0.071，NFI = 0.97，NNFI = 0.98，CFI = 0.98，IFI = 0.99，RFI = 0.97，说明测量模型拟合较好。

四、结构模型

在测量模型估计结果良好的基础上，本研究接着估计结构方程模型。结构方程模型拟合结果显示，模型拟合优度较好（见表 7.4）。研究假设及其对应的路径系数见表 7.4。从表 7.4 可以看出，*H*1*b*、*H*2*a*、*H*2*b*、*H*3、*H*4*b*、*H*4*c* 和 *H*5 得到验证，而 *H*1*a* 和 *H*4*a* 没有得到验证。

表 7.4　检验假设

研究假设	路径系数	t 值	检验结果
*H*1a：情感性应对——感知过程公平	0.02（NS）	0.29	不支持
*H*1b：情感性应对——感知交互公平	0.23＊＊	3.71	支持
*H*2a：信息性应对——感知过程公平	0.82＊＊	11.87	支持
*H*2b：信息性应对——感知交互公平	0.53＊＊	7.67	支持
*H*3：纠正性应对——感知分配公平	0.74＊＊	11.13	支持
*H*4a：感知过程公平——应对满意度	0.03（NS）	0.53	未支持
*H*4b：感知交互公平——应对满意度	0.67＊＊	11.93	支持
*H*4c：感知分配公平——应对满意度	0.41＊＊	8.68	支持
*H*5：应对满意度——品牌资产	0.77＊＊	13.34	支持
模型拟合： $\chi^2=720.57$，df = 218，$\chi^2/df=3.30$，RMSEA = 0.099，NFI = 0.96，NNFI = 0.96，CFI = 0.97，IFI = 0.97，RFI = 0.95			
模型在不同性别间的恒等性：非限定模型：$\chi^2=991.46$，df = 448；限定模型：$\chi^2=1016.32$，df = 471			

注：＊＊表示 $p<0.01$；NS 指不显著。

具体来说，就应对策略对感知公平的影响而言，情感性应对能够正向影响感知交互公平（$r=0.23$，$p<0.01$），而对感知过程公平的影响没有得到验证

($r=0.02$，$p>0.1$)；信息性应对即能正向影响感知过程公平($r=0.82$，$p<0.01$)，又能正向影响感知交互公平($r=0.53$，$p<0.01$)；纠正性应对能正向影响感知分配公平($r=0.74$，$p<0.01$)。从以上研究结果可以看出，不同的应对策略对感知公平的不同维度的影响不同。

就感知公平对应对满意度的影响而言，感知交互公平能够正向影响应对满意度($r=0.67$，$p<0.01$)，感知分配公平也能够正向影响应对满意度($r=0.41$，$p<0.01$)，而感知过程公平对应对满意度的影响没有得到验证($r=0.03$，$p>0.1$)。这可能跟刺激物的选择有关，因为在绩效相关(product - performance)的不可辩解型产品伤害危机中，顾客更看重应对结果，而对过程的重视程度较低(Maxham 和 Netemeyer，2002)。从以上研究结果可以看出，感知公平的不同维度对应对满意度的影响不同。结合应对策略对感知公平的影响和感知公平对应对满意度的影响来看，顾客在应对策略形成满意感的过程中，感知公平在其中充当了重要的心理机制。

就应对满意度对品牌资产的影响而言，应对满意度能够正向影响品牌资产($r=0.77$，$p<0.01$)。

为了检验研究模型是否在男性和女性之间具有稳定性，本研究利用模型恒等性比较，检验模型在男性样本和女性样本之间的恒等性(分析结果见表7.4)。限定模型与非限定模型之间卡方值的差异为 $\Delta\chi^2/\Delta df=1.08$，考虑到模型的复杂性，可以认为研究模型具有跨样本的稳定性。

接下来本研究验证应对满意度在感知公平和品牌资产之间的中介作用(*H*6)。由于感知过程公平对应对满意的影响作用没有得到验证，所以本研究只验证应对满意度在感知交互公平和感知分配公平与品牌资产之间的中介作用，即 *H*6b 和 *H*6c。如果变量具有中介作用，则必须满足四个条件：一是自变量影响中介变量，二是中介变量影响因变量，三是自变量影响因变量，四是当引入中介变量后自变量对因变量的影响变得不显著或减弱(Baron 和 Kenny，1986)。对于第一个条件，在本研究中对应于感知交互公平和感知分配公平影响应对满意度，已经得到证实(见 *H*4b 和 *H*4c 的验证)。对于第二个条件，在本研究中对应于应对满意度影响品牌资产，已经得到证实(见 *H*5 的验证)；对于第三个条件，在本研究中对应于感知交互公平和感知过程公平影响品牌资产，为了验证此条件，本研究构建感知交互公平和感知过程公平直接影响品牌资产的简约模型（见图 7.1）来加以验证。模型拟合结果可以接受，并且感知交互公平和感知过程公平到品牌资产的路径系数显著（见表 7.4），因此第三个条件也满足。对于第四个条件，本研究将应对满意度加入到了简约模型中，构建出完全模型（见图 7.1）。模型拟合结果可以接受，并且感知交互公平对品牌资产的路径系数从 0.59 下降到 0.25，感知分配公平对品牌资产的影响从显著变为不显著（见表 7.5）。所以第四个条件也满足。综上，应对满意度在感知交互公平和品牌资产之间具有部分中介作用，在感知分配公平和品牌资产之间具有完全中介作用。因此，*H*6b 得到部分验证，*H*6c 得到完全验证。

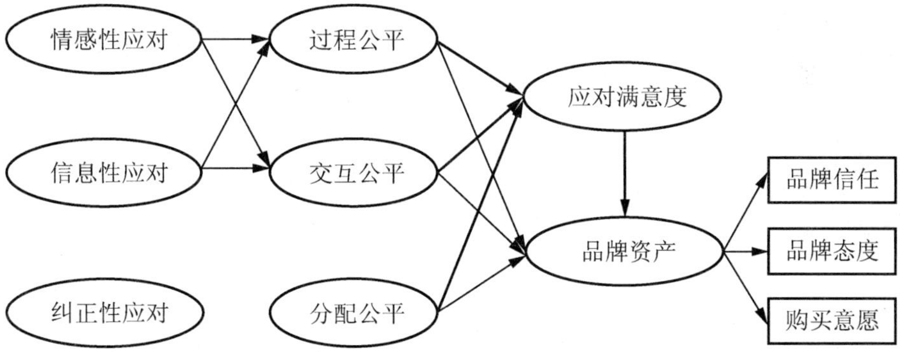

图 7.1　中介作用验证

注：不估计加粗箭头表示的路径系数时的模型为简约模型；估计全部路径的模型为完全模型

表 7.5　中介作用的验证

路径关系	简约模型		完全模型	
	路径系数	*t* 值	路径系数	*t* 值
情感性应对——感知过程公平	-0.00（NS）	-0.05	0.02（NS）	0.29
情感性应对——感知交互公平	0.21 * *	3.45	0.23 * *	3.71
信息性应对——感知过程公平	0.85 * *	12.36	0.82 * *	11.88
信息性应对——感知交互公平	0.58 * *	8.40	0.53 * *	7.67
纠正性应对——感知分配公平	0.75 * *	13.31	0.74 * *	11.12
感知过程公平——品牌资产	-0.06（NS）	-0.90	-0.78（NS）	-1.21
感知交互公平——品牌资产	0.59 * *	8.32	0.25 *	2.23
感知分配公平——品牌资产	0.31 * *	5.32	0.09（NS）	1.1.

续 表

路径关系	简约模型		完全模型	
	路径系数	t 值	路径系数	t 值
感知过程公平——应对满意度	——	——	0.04 (NS)	0.77
感知交互公平——应对满意度	——	——	0.65 * *	11.42
感知分配公平——应对满意度	——	——	0.41 * *	8.41
应对满意度——品牌资产	——	——	0.54 * *	3.91
简约模型拟合： χ^2 = 928.89，df = 216，χ^2/df = 4.30，RMSEA = 0.12，NFI = 0.96，NNFI = 0.97，CFI = 0.97，IFI = 0.97，RFI = 0.95				
完全模型拟合： χ^2 = 717.47，df = 215，χ^2/df = 3.33，RMSEA = 0.100，NFI = 0.96，NNFI = 0.96，CFI = 0.97，IFI = 0.97，RFI = 0.95				

注：* 表示 $p < 0.05$；* * 表示 $p < 0.01$；NS 表示不显著。

第六节　讨论和启示

近年来，由于法规更加严格、媒体更加敏感，不可辩解型产品伤害危机发生越来越频繁（Birch，1994）。而品牌资产是一种脆弱的无形资产（Keller，1993），经历一次不可辩解型产品伤害危机，就可能受到巨大损失，三株口服液、三鹿奶粉就是典型的案例。因此，如何有效应对不可辩解型产品伤害危机带来的不利影响，不仅是企业关注的问题，更越来越受到学者们的关注。

为深入探索这一问题，本研究基于公平理论和心理账户理论，探讨了应对策略对品牌资产的影响。本研究得到以下研究成果：第一，本研究发现不同的应对策略对感知公平的影响不同。具体来说：情感性应对和信息性应对正向影响感知交互公平，信息性应对正向影响感知过程公平和感知交互公平，纠正性应对正向影响感知分配公平。第二，本研究发现感知交互公平和感知分配公平正向影响应对满意度。第三，应对满意度正向影响品牌资产。第四，本研究发现应对满意度在感知交互公平和品牌资产之间具有部分中介作用，在感知分配公平和品牌资产之间具有完全中介作用。研究结论揭示出应对策略影响顾客态度和认知的内在心理机制，即顾客对应对策略的感知公平是影响应对满意度的重要心理机制。同时，研究结论还指出，感知公平对品牌资产的直接影响需要通过应对满意度发挥作用。

在理论上，本研究的创新点包括以下三个方面：一是从应对策略来看，本研究从公平理论和心理账户理论的视角解释了应对策略的内在心理机制，发现不同的应对策略对感知公平不同维度的影响不同；二是从品牌资产来看，本研究探讨了不可辩解型产品伤害危机中应对策略对品牌资产的影响机制；三是从中介变量来看，本研究发现应对满意度在感知交互公平和品牌资产之间具有部分中介作用，在感知分配公平和品牌资产之间具有完全中介作用。

在实践上，本研究的研究成果为企业如何设计应对策略以保护品牌资产提供了理论借鉴。不可辩解型产品伤害危机发生后，企业需要做好以下三个方面的工作：一是做好道歉工作，对过错表示懊悔，对受害者表示同情。这将有助于维持感知交互公平和顾客满意，进而维护品牌资产。二是在处理事件过程中，及时发布信息，沟通处理进度。这将有助于维持感知交互公平、感知过程公平和顾客满意，进而保护品牌资产。三是作出适当经济赔偿，及时纠正过错，建立预防措施。这将有助于维持感知分配公平和顾客满意，实现品牌资产保值的目的。以上三种举措，各有所用、不能替代，企业应该综合应用。

第七节 局限和展望

虽然本研究的研究假设大多已被证实，但是本研究仍然存在一些局限性。主要表现在以下两个方面：一是研究结论的普适性有待验证。不可辩解型产品伤害危机可以分为绩效相关（performance - related）和价值观相关（value - related）不可辩解型产品伤害危机（Pullig，Netemeyer 和 Biswas，2006），前者如“丰田刹车门”，后者如“富士康员工连跳事件”。本研究在刺激物设计时只以绩效相关不可辩解型产品伤害危机为背景，而没有将价值观相关不可辩解型产品伤害危机考虑在内，本研究的研究结论在价值观相关不可辩解型产品伤害危机情境下是否仍然适用还需要进一步验证。二是在研究中没有考虑时间因素。所有的刺激物都是同时提供给被试。但是在现实的不可辩解型产品伤害危机中，不可辩解型产品伤害危机和企业的应对策略往往不是同时发生的；而先前的研究发现，时间因素可能会影响顾客在危机中的认知（Cleeren，Dekimpe 和 Helsen，2008）。

以后的研究可以就以下三个方面进一步展开：一是验证研究模型在真实品牌的不可辩解型产品伤害危机情景下的有效性，以增加研究结论的外部效度；二是验证在价值观相关不可辩解型产品伤害危机背景下研究模型的有效性，如“富士康员工连跳事件”等；三是应对过程中的时间效应，如应对的最佳时点在哪，不同应对策略的先后次序对应对满意度和品牌资产有怎样的影响。

第八章　案例研究

本研究通过四个方面探讨了产品伤害危机对品牌资产的影响问题：一是可辩解型产品伤害危机中个体差异对品牌资产的影响；二是产品伤害危机应对策略对品牌资产的影响研究；三是可辩解型产品伤害危机应对策略对品牌资产的影响研究；四是不可辩解型产品伤害危机应对策略对品牌资产的影响研究。具体的研究结论见第四章至第七章。在本章，笔者将会运用上述研究结论来分析现实中的可辩解型产品伤害危机，通过对成功案例和失败案例的对比分析，进一步判别研究结论的正确性。本研究以“芬达、美年达涉嫌致癌危机”和“SK－Ⅱ涉嫌含重金属危机”为成功和失败的可辩解型产品伤害危机案例，分析了本研究的部分结论在现实中的有效性。

第一节　可辩解型产品伤害危机的应对

一、芬达、美年达涉嫌致癌危机

芬达、美年达涉嫌致癌危机发生于2006年3月4日。从危机爆发到危机平息，总共持续了六天。在这六天之中，“媒体对产品涉嫌存在危险的报道”和“媒体对公众采取防范措施的报道”两类报道仅有32条，百事可乐和可口可乐公司采取了“积极澄清”的应对方式，行业组织、专家力量和政府力量也介入到此次危机的应对之中。负面报道的最小化、应对方式的最优化，在最大程度上降低了危机中顾客的感知危险和维持了顾客的购买意愿。根据媒体的报道，在危机过后两种饮料的销售几乎都没有受到影响，这就使得“芬达、美年达涉嫌致癌危机”成为成功应对可辩解型产品伤害危机的典型案例。

1. 危机缘起

2006年2月22日，新西兰一家新闻网站刊登了一条消息，声称包括芬达、美年达等众多流行软饮料在内，都含有防腐剂和抗氧化剂，可能构成致癌危险。文章还称，美国食品和药物管理局（FDA）1990年公布的测试报告显示，软饮料中包含的维生素C和苯甲酸钠相互作用，可形成苯。①

2006年3月2日英国食品标准局（Food Standards Agency）在其官方网站公布了一条消息，声称一些软饮料可能产生致癌物苯。文章中声称，大多数软饮料同时含有苯甲酸钠（防腐剂）与维生素C（抗氧化剂），这两种成分可能产生相互作用生成苯，而苯是一种致癌物。据台湾TVBS和中天新闻等电视类媒体报道，芬达饮料同时含有这两种成分。②

上述两条消息传到国内以后，新浪财经于2006年3月4日在其网站上连续刊登了名为"芬达汽水和美年达橙汁等软饮料有致癌危险"、"芬达美年达可能致癌，中消协催监管机构早给说法"和"调查显示76.16%网民不会继续消费芬达和美年达"的三篇文章，触发了此次"芬达、美年达涉嫌致癌危机"。

2. 外界舆论

对芬达、美年达涉嫌致癌的报道始于2006年3月4日。根据笔者的统计，两类负面报道（仅限报纸和网络媒体，电视、广播等其他媒体无法统计），即"媒体对产品涉嫌存在危险的报道"和"媒体对公众采取防范措施的报道"，总共持续了六天。根据新浪财经收集全国各大主要媒体的报道资料，在这六天内，各类媒体的两类负面报道数量总共大约有32条。这32条报道的具体分布如表8.1所示。

从标题中可以分辨出报道是属于哪一类负面报道——"媒体对产品涉嫌存在危险的报道"或"媒体对公众采取防范措施的报道"。

典型的"媒体对产品涉嫌存在危险的报道"类似于2006年3月5日《生活报》刊登的"芬达和美年达橙汁可能致癌"的报道③："新西兰一家新闻网

① http：//finance. sina. com. cn/xiaofei/consume/20060304/01552390560. shtml。
② http：//news. china. com/zh_ cn/finance/11009723/20060304/13142439. html。
③ "芬达和美年达橙汁可能致癌"，《生活报》，2006年3月5日。

站 2 月 22 日载文称，包括可口可乐旗下的芬达汽水、百事可乐公司旗下的美年达橙汁等软饮料，都含有防腐剂和抗氧化剂，可能构成致癌危险。台湾 TVBS 和中天新闻等电视类媒体近日也报道称，芬达饮料同时含有这两种成分。美国食品和药物管理局 FDA、德国食品安全监督机构和英国食品标准局都展开过相应调查。英国媒体报道称，FDA 早在一个月前就发出警告。而软饮料厂商早在七年前就已知道苯问题的存在。”

表 8.1 芬达美年达涉嫌致癌危机中的媒体报道过程

	3 月 4 日	3 月 5 日	3 月 6 日	3 月 7 日	3 月 8 日	3 月 9 日
关键事件		1. 药监官员置疑饮料致癌的可能 2. 两乐向媒体解释产品符合中国、美国和欧洲标准	1. 中国饮料工业协会介入危机应对 2. 两乐发表关于媒体声明，解释产品的无害性	两乐向媒体解释极微量苯无害健康	中国饮料工业协会澄清产品无害	国家质检总局澄清产品无害
负面媒体报道的数量	3 条	15 条	8 条	2 条	2 条	2 条

在芬达、美年达涉嫌致癌危机之中，类似于“芬达和美年达橙汁可能致癌”的媒体报道，虽然站在“中立”的角度报道事件，向公众讲述某个产品被怀疑存在缺陷和伤害的来龙去脉。但是，根据常识性归因理论、基本归因错误原理，我们可以分析得知这就足以导致顾客感知危险的产生和购买意愿的降低。而且这一类媒体报道的数量越多，顾客的感知危险程度越强，顾客购买意愿的受损程度就越大。

典型的“媒体对公众采取防范措施的报道”类似于 2006 年 3 月 6 日《新闻晨报》刊登的标题名为“1.8 万网民弃饮芬达美年达”的报道①：“芬达汽水和美年达橙汁被传出‘可能’含致癌物质苯的消息。接受新浪网调查的网民中，有 1.8 万人表示暂不会购饮这两种饮料。记者昨天走访了近 10 家超市、商店和饭店，发现已有不少人不再点用芬达、美年达。新浪财经在 24175 名网

① 殷正明：“1.8 万网民弃饮芬达美年达”，《新闻晨报》，2006 年 3 月 6 日。

民中进行了调查，结果其中有 18402 人表示不会继续消费芬达、美年达等软饮料，占受调查网民的 76.16%。另有 18.67% 的网民表示，将会减少消费芬达、美年达等软饮料。”

在芬达美年达涉嫌致癌危机之中，类似于“1.8 万网民弃饮芬达美年达”的媒体报道向公众描述了其他消费者和零售商是如何针对危机做出应急防范措施的，暗示了其他消费者和零售商已经对产品产生了感知危险并采取了预防措施。根据规范形成理论、心境连接理论、社会传染效应理论，我们可以分析得知这些报道会强化顾客的感知危险和进一步降低顾客的购买意愿，而且这一类媒体报道的数量越多，这种负面效果就越强烈。

对于可口可乐和百事可乐两家公司来讲，幸运的是在本次危机之中这两类媒体报道的数量都非常少、持续时间也比较短。因此，与其他企业在危机中遇到的大量媒体负面报道相比，顾客对芬达和美年达购买意愿的受损程度相对较小。如果再配合非常妥当的危机应对方式，那么可口可乐和百事可乐就可以把危机带来的损失降低到最低限度。

3. 应对方式

自从 2006 年 3 月 4 日芬达、美年达涉嫌致癌危机爆发以后，百事可乐、可口可乐、行业组织、相关专家和政府机构都积极参与了该危机的应对。各方力量的具体应对措施如表 8.2 所示：

表 8.2　芬达美年达涉嫌致癌危机的危机应对过程

应对方式 时间（2006）	企业应对	行业应对	专家应对	政府应对
3 月 4 日	各方均无应对			
3 月 5 日	积极澄清：产品符合中国、美国和欧洲标准			上海市食品药品监督所所长顾振华置疑饮料含苯致癌的可能性
3 月 6 日	积极澄清：发表关于媒体声明，解释产品的无害性	中国饮料工业协会声称将于两天内专门就此事进行详细的说明		

续 表

应对方式 / 时间（2006）	企业应对	行业应对	专家应对	政府应对
3月7日	积极澄清：向媒体解释极微量苯无害健康			
3月8日		中国饮料工业协会向发表媒体声明表示，解释饮料中的苯含量极低，不会威胁公众健康		
3月9日				国家质检总局公布的软饮料产品检验结果表明，所有抽检样品的苯含量均在饮用水中苯限量标准以下
3月13日			中科院化学研究所胡亚东教授表示，苯含量是微不足道的，完全没必要引起恐慌	

对于表8.2中各种力量对“芬达、美年达涉嫌致癌危机”的应对细节，具体描述如下：

（1）企业应对

在本次危机中两大可乐公司都是采取了积极澄清的应对方式。

2006年3月5日，《北京娱乐信报》对两乐的应对方式报道如下①：“在接受记者采访时可口可乐（中国）公共事务部的一位负责人介绍说，此前美

① 于恒舟：“芬达美年达遭遇健康质疑，两饮料巨头称产品安全”，《北京娱乐信报》，2006年3月5日。

国及欧洲的相关部门已经就苯含量对饮料行业进行过抽查，抽查结果表明可口可乐产品完全符合当地的各项标准。同时，该负责人介绍说，英国食品标准局所言是针对整个行业存在的一些情况，并未特指某个公司。与可口可乐的表态一样，百事可乐（中国）公共事务总监卢劲也表示，根据公司的综合评估和产品测试，百事可乐所有的产品都是安全的，并且完全符合有关苯的所有规定。”

2006 年 3 月 6 日，新浪财经对可口可乐的应对方式报道如下①：“可口可乐关于芬达汽水存在苯可能致癌问题的声明：可口可乐公司的产品是安全的，也符合各地政府的规定。英国与美国卫生单位近日检验市场上之饮料，表明可口可乐公司的产品完全符合标准。可口可乐公司在中国之产品，也符合所有有关安全规定。欧洲饮料协会指出，在欧美发现少数含有维生素 C（ascorbic acid）及苯甲酸钠（sodium benzoate）的饮料中可能含极微量之苯（Benzene）。由于可能存在于这些少数饮料的苯含量极微，对饮用者健康并无任何威胁。苯甲酸在饮料中广泛被使用作防腐剂，以防止对健康有威胁的细菌于饮料内生长。中国卫生部饮用水标准——苯含量应低于 10PPB，芬达汽水符合饮用水标准。”

2006 年 3 月 7 日，华夏时报对两乐的应对方式报道如下②：“两乐同时发表媒体声明。报道备受市民关注的‘软饮料苯含量超标’问题昨天又有新消息，涉嫌其中的芬达和美年达所属的可口可乐和百事可乐两大饮料巨头再次向本报发来郑重声明，重申他们的饮料没有问题的同时，称极微量的苯对人体健康无威胁，并一致表示，希望相关部门和组织能尽快就此事件有一个明朗的态度。”

（2）行业应对

中国饮料工业协会参与了“芬达、美年达涉嫌致癌危机”的应对。

2006 年 3 月 6 日首先刊登了中国饮料工业协会参与危机应对的消息③：“昨天，中国饮料工业协会秘书长赵亚利回复记者称，此事件已经引起了行业协会的关注，协会将于本周三专门就此事进行详细的说明，目前协会对此事不

① http://finance.sina.com.cn/xiaofei/consume/20060306/15232394560.shtml。

② 孙杰：“可口可乐和百事可乐称极微量苯无害健康”，《华夏时报》，2006 年 3 月 7 日。

③ 于恒舟：“中国饮料协会等部门表态，芬达苯超标本周有说法”，《北京娱乐信报》，2006 年 3 月 6 日。

便发表评论。”

2006年3月8日中国饮料工业协会开始发布英国食品标准局的检测结果，开始澄清饮料的安全性①：“3月7日该会对日前闹得沸沸扬扬的‘饮料含苯问题’首次作出了回应。中国饮料工业协会称，英国食品标准局在对市面上出售的230种软饮料检测后发现，部分样品中苯含量非常低（最高8PPB），不会对公众健康造成威胁。”

（3）专家应对

中科院的化学专家也参与了“芬达、美年达涉嫌致癌危机”的应对。2006年3月13日，《世界新闻报》刊登了中科院化学研究所胡亚东教授的观点②：“苯甲酸钠作为防腐剂使用已有很长的时间，应该说一直是安全的。”胡教授说，软饮料一般是常温甚至低温条件下饮用，如果不加热，即使同时含有这两种物质，也不太可能产生苯。另外，与家庭装修、汽车尾气带来的影响相比，也是微不足道的，完全没必要引起恐慌，“对饮料中含苯这一说法，我们目前只能说有可能，但不会太大，除非在特殊的条件下。国内的食品专家目前也正在予以高度关注，一旦发现问题，将设法改进技术，让苯含量降到最低。食品监管部门同时表示，目前市场上的软饮料的各方面抽查总体合格，饮用是安全的，请国内广大消费者不要恐慌。”

（4）政府应对

各级政府机构先后都参与了“芬达、美年达涉嫌致癌危机”的应对。

2006年3月5日，新闻晚报就率先刊登了地方政府对于此次危机的意见和观点③：“记者电话采访了上海市食品药品监督所所长顾振华。顾振华所长告诉记者，苯甲酸钠（防腐剂）与维生素C（抗氧化剂）这两种成分，到底是否可能产生相互作用，是否可能生成苯，这点并不确定，值得怀疑。而美国媒体报道称，维生素C和苯甲酸钠通常情况下不会通过化学反应产生苯，但如果温度升高或者阳光照射，那么就可能催化产生苯。其实人们每天通过呼吸而进入体内的苯都要比喝软饮料而摄入的苯要多，水果、蔬菜和奶制品中都含有

① 徐惠芬、张源，“饮料工业协会首度回应软饮料含苯量无损健康”，《深圳晚报》，2006年3月8日。

② 饶彬彬，“中国厂商和专家都说没事”，《世界新闻报》，2006年3月13日。

③ 许沁、时晔、王兴栋，“食品专家质疑含苯说”，《新闻晚报》，2006年3月5日。

少量的苯。吸烟、汽车尾气以及油漆、洗衣粉都含有苯，长期接触苯会导致血癌以及白血病。”

2006 年 3 月 9 日，新华网又刊登了国家质量监督总局的产品检验结果①：“国家质检总局 9 日在此间公布的软饮料产品检验结果表明：在对 170 多批次软饮料产品的专项检验中，所有抽检样品的苯含量均在饮用水中苯限量标准以下。”

综上所述，我们可以分析得出可口可乐和百事可乐在“芬达、美年达涉嫌致癌危机”中采取的最为妥当和最为及时的应对方式。

首先，从企业层面来看，虽然面临极大的舆论压力，但是在危机爆发的高潮期（2006 年 3 月 5—7 日），两家公司都抑制住了反驳媒体和指控者的冲动，也没有作秀式地采取纠正措施等行为，而是采取最为妥当的“积极澄清”方式。

其次，从外部力量来看，政府机构在危机爆发的第二天（2006 年 3 月 5 日）就介入了危机应对。随即，2006 年 3 月 6 日和 8 日，行业组织介入了危机应对；2006 年 3 月 9 日，政府机构再次介入危机应对；2006 年 3 月 13 日，专家力量介入危机应对。不论是行业应对、专家应对还是政府应对，其可知觉专家性和可知觉信赖性都大大强于企业单独应对，因此他们对产品无害性的澄清具有非常强的说服力和影响力，对于缓解顾客感知危险和维护顾客购买意愿都有非常积极的作用。

可见，在“芬达、美年达涉嫌致癌危机”中，可以说危机应对是非常成功的。不仅可口可乐和百事可乐两家公司自身采取了最优的危机应对方式，它们还争取了所有最有效的外界力量协助（也有可能是外界力量主动协助），并且这些外界力量在危机爆发第二天就开始介入危机应对。

二、SK－Ⅱ涉嫌含重金属危机

“SK－Ⅱ涉嫌含重金属危机”发生于 2006 年 9 月 14 日。从危机爆发到危机彻底平息，总共持续了约 90 天。在这 90 天之中，“媒体对产品涉嫌存在危

① http：//finance. sina. com. cn/xiaofei/consume/20060309/16242404806. shtml。

险的报道”和“媒体对公众采取防范措施的报道”两类报道竟然多达197条，而且宝洁公司采取的傲慢姿态和“对抗反驳”应对方式，激怒了政府、媒体和广大公众，并使得政府力量在早期扮演了“惩罚者”的角色，宝洁公司在事发一个半月以后才争取到政府力量出面协助澄清危机。

负面报道之多、应对方式失策，在最大程度上增加了危机中顾客的感知危险和降低了顾客的购买意愿。根据媒体的报道，在危机之中SK－Ⅱ的销售几乎完全停滞，在危机过后SK－Ⅱ就连进入商场都比较困难，这就使得“SK－Ⅱ涉嫌含重金属危机”成为失败应对可辩解型产品伤害危机的典型案例。

1. 危机缘起

2006年9月14日，新华网、新浪网和搜狐网等网站刊登了日本的SK－Ⅱ品牌多项化妆品被查出含有禁用成分的报道，从此引发了为期三个月的“SK－Ⅱ涉嫌含重金属危机”。新浪网的具体报道如下①：“国家质检总局有关负责人14日向新华社记者证实，近日广东出入境检验检疫机构从来自日本宝洁株式会社蜜丝佛陀公司制造的SK－Ⅱ品牌系列化妆品中检出禁用物质铬和钕。检验检疫部门在对一批SK－Ⅱ重点净白素肌粉饼进行检验后发现，其钕成分含量高达4.5mg/kg。此外，SK－Ⅱ清透防晒乳液、SK－Ⅱ多元修护精华霜、SK－Ⅱ护肤洁面油、SK－Ⅱ护肤精华露、SK－Ⅱ重点净白肌粉底液OB－2、SK－Ⅱ护肤面膜、SK－Ⅱ重点净白素肌粉底液OD－3、SK－Ⅱ润采活肤粉凝霜OB－2系列进口产品中均被检出禁用物质铬，其含量为0.77mg/kg至2.0mg/kg。据了解，按照我国《化妆品卫生标准》（GB7916）的有关规定，化妆品中不能含有铬、钕等禁用物质。此外，欧盟等有关国家的相关规定中均把这两种元素列为化妆品禁用物质。”

2. 外界舆论

对“SK－Ⅱ涉嫌含重金属危机”的报道始于2006年9月14日，终止于2006年12月15日前后，历时三个月。根据笔者的统计，两类负面报道，即“媒体对产品涉嫌存在危险的报道”和“媒体对公众采取防范措施的报道”，也总共持续了大约90天。

① http：//finance.sina.com.cn/roll/20060914/1821926013.shtml。

根据新浪财经收集的全国各大主要媒体报道资料，在这90天内，各类媒体（仅限报纸和网络媒体，电视、广播等其他媒体无法统计）的两类负面报道数量总共大约有197条。这197条报道的具体分布如表8.3所示：

表8.3 SK－Ⅱ涉嫌含重金属危机的媒体报道过程

时间	关键事件	负面媒体报道的数量
2006年9月14日	SK－Ⅱ品牌多项化妆品被报查出含有禁用成分	3条
2006年9月15日	SK－Ⅱ称接受消费者退货，但退货协议被质疑为“霸王条款”	19条
2006年9月19日	韩国、新加坡、中国台湾等国家和地区的医药安全部门表示，将对SK－Ⅱ产品的成分进行检查。SK－Ⅱ风波蔓延亚洲	50条（9.16－9.19）
2006年9月22日	宝洁美国总部通过了决定，SK－Ⅱ暂时撤出中国市场，销售人员带薪休假	70条（9.20－9.22）
2006年10月23日	国家质检总局和卫生部就SK－Ⅱ产品安全性问题作出澄清说明	43条（9.22－10.22）
2006年10月24日	SK－Ⅱ称在数周内恢复专柜销售	
2006年11月29日	京沪媒体曝出“SK－Ⅱ重返京城遇冷众商家不愿首批开专柜”	8条（10.23－11.29）
2006年12月3日	SK－Ⅱ从广州开始重新返市销售	4条（12.03－12.18）

从标题中可以分辨出报道是属于哪一类负面报道——“媒体对产品涉嫌存在危险的报道”或“媒体对公众采取防范措施的报道”。

典型的“媒体对产品涉嫌存在危险的报道”类似于2006年9月15日《中华工商时报》刊登的一篇名为“进口SK－Ⅱ查出违禁成分”的文章①：“……来自国家质检总局的最新消息显示，来自日本的SK－Ⅱ品牌多项化妆品中被查出含有禁用成分铬和钕。……据介绍，铬为皮肤变态反应原，可引起过敏性皮炎或湿疹，病程长，久而不愈。钕对眼睛和粘膜有很强的刺激性，对皮肤有中度刺激性，吸入还可导致肺栓塞和肝损害。我国和欧盟等有关国家的相关规定中均把这两种元素列为化妆品禁用物质。”

在SK－Ⅱ涉嫌含重金属危机之中，类似于“进口SK－Ⅱ查出违禁成分”的媒体报道越多，越会加重公众对铬和钕的恐惧情绪，让他们感觉到此次危机

① 黄全权：“进口SK－Ⅱ查出违禁成分”，《中华工商时报》，2006年9月15日。

似乎没有那么严重。根据常识性归因理论、基本归因错误原理，我们可以分析得知顾客不可能认为化妆品中含有微量的铬和钕是不可避免的，而会认为这是SK－Ⅱ产品的问题，这就足以导致顾客感知危险的产生和购买意愿的降低。

典型的“媒体对公众采取防范措施的报道”类似于2006年9月18日《重庆晨报》刊登的标题名为“SK－Ⅱ遭遇退货潮部分商场先赔”的报道①："……SK－Ⅱ被国家质检部门查出含有违禁物质后，上周末，美美、太平洋、远东三大百货卖场遭遇了退货浪潮。太平洋和远东百货表示，对符合退货条件的消费者先行赔付。……"

在芬达美年达涉嫌致癌危机之中，类似于“SK－Ⅱ遭遇退货潮部分商场先赔”的媒体报道对危机升级起到促进作用。“退货潮”意味着许多SK－Ⅱ顾客已经感知到危险，并以退货的方式来采取防范措施和补救措施；而零售商接受退货，更是暗示了它们也在默认SK－Ⅱ的有害性。根据规范形成理论、心境连接理论、社会传染效应理论的结果，我们可以分析得知这些报道会大大强化顾客的感知危险和进一步降低顾客的购买意愿。

综上所述，非常遗憾的是，在此次危机中宝洁公司没能控制住整个外部的舆论导向，致使两类负面媒体报道的数量高达197条，持续时间竟然长达90天。因此，顾客对SK－Ⅱ的购买意愿受到了极大程度的损害。更加不幸的是，宝洁公司在此次危机中采取了一系列非常不妥的危机应对方式，进一步增加了此次危机的严重性和伤害性。

3. 应对方式

自从2006年9月14日SK－Ⅱ涉嫌含重金属危机爆发以后，宝洁公司和政府机构参与了该危机的应对。但是，宝洁公司一开始没有抑制住本能性的冲动，表现出了其固有的“傲慢”态度，不但连续发表声明，坚称其“产品的安全和质量有充分的保障”，“SK－Ⅱ产品在生产过程中并未添加文中所涉及的成分”，而且对消费者退货设置了极端苛刻的“霸王条款条件”，刁难退货的消费者。宝洁公司的所有应对措施，都起到了一个作用：激化升级危机、僵化同政府和公众的关系，对于顾客感知危险的消除和顾客购买意愿的维护并无帮助。

---

① 徐菊："SK－Ⅱ遭遇退货潮部分商场先赔"，《重庆晨报》，2006年9月18日。

此外，正是因为宝洁僵化了与政府的关系，没有争取到政府应对的尽早出现。危机在没有外界应对的协助下，发展和传播一个多月，影响逐渐扩展到整个东亚地区，造成了后期危机的无法挽回，也是其失败之处。

在SK－Ⅱ涉嫌含重金属危机中，各方力量的具体应对措施如表8.4所示：

表8.4　SK－Ⅱ涉嫌含重金属危机的危机应对过程

	企业应对	政府应对
2006年9月15日	对抗反驳：宝洁发表媒体声明宣称“SK－Ⅱ产品在生产过程中并未添加文中所涉及的成分”；终端销售人员关于SK－Ⅱ报道“都是谣言”	
2006年9月16日	对抗反驳：宝洁发表声明坚持声称“产品的安全和质量有充分的保障”	
2006年9月19日	对抗反驳：SK－Ⅱ接受消费者退货，但退货协议被质疑为“霸王条款”，退货协议书中赫然写着：“尽管产品本身为合格产品，不存在质量问题，但本着对消费者负责的态度，我们决定为您做退货处理，经双方协议同意退款××元。此处理方案为本案例一次性终结处理。” 对抗反驳：宝洁对南方都市报记者表示不清楚《化妆品卫生规范》，而后者是目前国家进行化妆品检测的主要依据 对抗反驳：SK－Ⅱ的代言人郑秀文表示会继续使用该护肤品；莫文蔚也说：“到目前为止，我不会停用。” 对抗反驳：对零售商的下架表示不解，称中国市场SK－Ⅱ产品是走私品	
2006年9月22日	纠正措施：SK－Ⅱ品牌22日发表声明，决定暂停其在中国的产品销售，并暂时停止SK－Ⅱ专柜的运作，直至确认符合中国有关在售化妆品所含微量铬和钕的规定	
2006年9月24日	置之不理：对于部分商场主动退货一事，中国公共关系经理汪俊表示自己并不知道此事，也不能对此事表态	
2006年10月23日		国家质检总局、卫生部联合发表声明称，宝洁公司确认在生产过程中未添加铬和钕，产品被检出的铬和钕系原料带入所致

下面，对于表8.4中各种力量对“SK－Ⅱ涉嫌含重金属危机的危机”的应对细节做更进一步的描述。

首先，从企业应对层面来看，在整个危机过程中，宝洁公司主要采取的是“对抗反驳”的处理方式，否认政府的检测结果，与媒体和顾客对抗。

2006年9月15日，宝洁中国向《每日经济新闻》表示①：“《每日经济新闻》昨日从宝洁中国公司获悉，此次被查违禁化妆品均为宝洁公司旗下全资子公司生产的产品。但其认为SK－Ⅱ产品在生产过程中并无违禁成分。”

2006年9月16日，宝洁发表媒体声明表示②：“SK－Ⅱ所有产品在研发和生产过程中都经过了严谨的安全评估，并且在进入中国市场前都经过港口出入境检验检疫局的严格检验，产品的安全和质量有充分的保障，SK－Ⅱ产品在生产过程中并未添加文中所涉及的成分。”

2006年9月19日，宝洁要求顾客在退货时不仅要备齐购物凭证、产品，还得签订一份名为《非健康相关非产品质量问题投诉快速退货处理简易协议书》的“霸王协议”，协议书中赫然写着③：“尽管产品本身为合格产品，不存在质量问题，但本着对消费者负责的态度，我们决定为您做退货处理，经双方协议同意退款××元。此处理方案为本案例一次性终结处理。”

2006年9月19日，宝洁在接受南方都市报记者采访时声称宝洁表示不清楚中国的《化妆品卫生规范》，而后者是目前国家进行化妆品检测的主要依据④。

2006年9月19日，SK－Ⅱ产品的代言人顶风声称支持SK－Ⅱ。郑秀文表示会继续使用该护肤品；莫文蔚也说：“到目前为止，我不会停用。”⑤

2006年9月19日，SK－Ⅱ对零售商下架其商品表示不解，并且怀疑“大

---

① 宋文明：“质检总局指SK－Ⅱ化妆品含禁用成分，宝洁喊冤”，《每日经济新闻》，2006年9月15日。

② 仇兆燕、王晓鸥：“四家商场停售问题SK－Ⅱ，宝洁发表声明坚称安全”，《北京娱乐信报》，2006年9月16日。

③ 李若馨：“SK－Ⅱ退货须签霸王协议要消费者认同无质量问题”，《北京晨报》，2006年9月19日。

④ 李亦菲：“宝洁表示不清楚《化妆品卫生规范》”，《南方都市报》，2006年9月19日。

⑤ 俞亮鑫、林艳雯：“漂亮女星陷假广告门，莫文蔚郑秀文仍支持SK－Ⅱ”，《新民晚报》，2006年9月19日。

陆市场 SK－Ⅱ产品是走私品”。《第一财经日报》的报道如下①：“近日，化妆品连锁企业莎莎公司决定在台湾地区率先下架九种 SK－Ⅱ的问题商品。莎莎公司在接受台湾地区媒体采访时表示，虽然不是 SK－Ⅱ的指定渠道，但为去除消费者购物疑虑，因而率先下架 9 种遭质疑的商品。……负责 SK－Ⅱ在台地区的销售部门指出，该产品行销全球 16 个国家和地区，并没有使用铬、钕成分。该公司的所有产品都从日本进口，相关进口文件中也写明了 SK－Ⅱ的使用成分。因此，上述部门怀疑，大陆市场 SK－Ⅱ产品是走私品。”

2006 年 9 月 22 日，宝洁美国总部通过了决定，SK－Ⅱ暂时撤出中国市场，销售人员带薪休假，直至确认符合中国有关在售化妆品所含微量铬和钕的规定②。

2006 年 9 月 24 日，对于部分商场主动退货一事，SK－Ⅱ对媒体采访采取了置之不理的态度。《新闻晨报》的报道如下③：“继 22 日 SK－Ⅱ声明暂停退货后，昨日，沪上部分商场主动承担起为消费者退货的责任，甚至当场支付退货款，而商场更没有让退货消费者签署前几日 SK－Ⅱ主持退货时所要求的“霸王协议”。昨晚，当记者询问 SK－Ⅱ是否计划与提供退货服务的商场协商退货款时，宝洁 SK－Ⅱ中国公共关系经理汪俊表示，自己并不知道此事，也暂时不能对此事表态。”

其次，从企业外部力量来看，在整个危机过程中，虽然国家质检总局、卫生部发表了联合声明，但是，政府应对似乎出现得比较迟。如果宝洁能够跟政府少一点对抗，早一个月争取到政府应对介入，那么消除顾客的感知危险和恢复顾客的购买意愿的效果可能要好得多。

2006 年 10 月 23 日，国家质检总局、卫生部联合发表声明称④：“宝洁公司确认在生产过程中未添加铬和钕，产品被检出的铬和钕系原料带入所致。宝洁公司表示将在中国继续销售 SK－Ⅱ产品。……宝洁公司对 SK－Ⅱ产品进行了认真的检查和分析，确认在生产过程中未添加铬和钕，问题产品中被检出的

---

① 王佑：“SK－Ⅱ从台湾莎莎下架，宝洁销售部门不解”，《第一财经日报》，2006 年 9 月 19 日。

② 许沁、沙情奕：“SK－Ⅱ品牌在华全面停售”，《新闻晚报》，2006 年 9 月 22 日。

③ 申延宾：“部分商场主动退货，SK－Ⅱ回应不知此事不作表态”，《新闻晨报》，2006 年 9 月 24 日。

④ 周逸梅、郭莹、胡笑红：“SK－Ⅱ化妆品在华销售解禁”，《京华时报》，2006 年 10 月 24 日。

铬和钕都是原料带入所致。经专家评估，正常使用含微量铬和钕的化妆品对消费者的健康危害风险较低。截至目前，未证实有化妆品因含微量铬和钕而损害消费者健康的情况发生。”

综上所述，宝洁在“SK－Ⅱ涉嫌含重金属危机”中没有能够及时采取妥当的应对方式。

首先，从企业层面来看，宝洁没有能够克制住反驳媒体和指控者的冲动，多次采取对消除顾客感知危险和顾客购买意愿效果甚弱的应对方式——“对抗反驳”。一方面，这使得宝洁公司错失了早期解决危机的黄金时机；另一方面，这也为媒体增加了更多的新闻点，增加了负面报道的出现数量。最后，宝洁否认国家检测结果的强硬态度，僵化了大众媒体和政府机构的关系。

其次，宝洁的强硬态度，引起各种外部力量的不满，使得宝洁公司一度处于“四面楚歌”的境地。宝洁对政府检测结果的置疑和否认，没有导致有利的“政府应对”出现，而是导致了政府机构采取更为强硬的措施。例如：上海工商在2006年9月20号直接要求SK－Ⅱ涉嫌问题化妆品撤柜。这就意味着在危机发生的早期，宝洁公司不仅没有尝试争取政府力量的帮助，而且把政府力量推到了自己的对立面，这或许是宝洁在本次危机中的最大失败之处。虽然宝洁公司后来意识到这一问题，极力争取政府帮助，政府也在2006年10月23日澄清了SK－Ⅱ的无害性，但是，这已距离危机爆发超过一个多月，这时候SK－Ⅱ的销售已经停滞了，顾客已经不是怀疑而是深信SK－Ⅱ的有害性，“政府应对”对危机的应对效果已经大打折扣。另外，宝洁的强硬态度似乎也引起了媒体的不满，在政府澄清SK－Ⅱ的无害性以后，国内帮助宝洁报道此事的媒体极少，大多数媒体仍然倾向于报道SK－Ⅱ重新上市后，零售商和顾客不接受产品的消息。

可见，在“SK－Ⅱ涉嫌含重金属危机”中，不仅宝洁公司自身没有能够采取比较妥当的应对方式；宝洁还僵化与媒体和政府的关系，一度处于媒体和政府的对立面，没有能够及时争取到外界力量的协助。因此，可以说宝洁在此次危机中的应对方式是非常失败的。如果宝洁一开始以温和的态度应对此事，解释“铬”和“钕”两种元素的来源，尽早争取行业组织、专家机构和政府力量的澄清，可能SK－Ⅱ的市场损失会减少一些。

第二节　不可辩解型产品伤害危机的应对

根据不可辩解型产品伤害危机的定义，在不可辩解型产品伤害危机中，产品缺陷或伤害已经违反相关产品法规或安全标准是产品伤害危机的分类标准（Bradford 和 Garrett，1995；Smith，2003；方正，2007）。因此，不可辩解型产品伤害危机就有与可辩解型产品伤害危机不同的特点。具体表现在：（1）从消费者感知来看，消费者对违反法律法规的产品的感知风险更高，对品牌的影响更大；（2）从专家应对来看，外部专家和权威机构不会帮助澄清违反法律法规产品的无害性；（3）从政府相关部门来看，政府相关部门常常强制停止销售或召回违反法律法规的产品（例如：政府相关部门强制三鹿、伊利和蒙牛等企业召回含三聚氰胺的奶粉），在某些情况下，政府又没有强制企业停止销售或召回（例如：在汰渍洗衣粉去污力不达标危机中，政府相关部门并没有强制要求宝洁停止销售和召回去污能力不达标产品）；（4）从应对方式上看，经历不可辩解型产品伤害危机的企业既无法采用外部专家应对，也无法采用辩解策略而只能选择和解策略。（5）从不可辩解型产品伤害危机的阶段来看，在政府相关部门确认产品危害并强制停止销售前，企业仍然可以选择辩解、和解或沉默策略，在此之后便只能选择和解策略。需要指出的是，产品伤害危机的发生是偶然的，而政府确认危机并强制停止销售或召回是之后的。因此，本研究以政府相关部门相关强制停止销售或召回产品前的企业应对策略作为企业应对策略的认定，即企业可以自主选择采取什么样的应对策略。

一、三鹿毒奶粉危机

在毒奶粉事件中，被查出的若干批次的奶粉中三聚氰胺含量严重超标，属于典型的不可辩解型产品伤害危机。从 2008 年 9 月 12 日三鹿奶粉被查出含有三聚氰胺，到 2008 年 12 月 24 日石家庄市中级人民法院对三鹿发出破产令，中国乳业经历了一次严重的质量危机和信任危机。

1. 危机缘起

三鹿毒奶粉事件在 2008 年 9 月 12 日危机全面爆发前两个多月就露出端倪。2008 年 6 月 28 日，中国人民解放军第一医院泌尿科收到第一例婴儿患有“双肾多发性结石”和“输尿管结石”的病例；至 9 月 8 日，该院两个多月来共收治 14 名患有同样疾病的婴儿。与此同时，南京市儿童医院泌尿外科也接诊了 20 名因吃同一品牌奶粉患上肾病的患儿，病情严重的已转至上海治疗。在此期间，湖北、湖南、山东、安徽、江西、江苏、陕西、甘肃、宁夏、河南等 10 个省份同样有类似患儿病例出现。数十个患儿病例的共同特征是他们都食用了某品牌奶粉。“疑喝同一品牌奶粉而导致宝宝患肾结石”的消息开始扩散。2008 年 9 月 12 日，三鹿奶粉被查出含有三聚氰胺，同时 22 家 491 批次婴幼儿奶粉被检出含有数量不等的三聚氰胺。就此，三聚氰胺危机全面爆发。

2. 危机应对

有资料显示，在被证实奶粉中含有三聚氰胺之前，三鹿集团就已经知晓真相。在毒奶粉事件还没有引起广泛关注前，三鹿一直采用缄默策略，对事件置之不理。随着因食用三鹿奶粉而患肾结石的婴儿进一步增多，社会舆论压力随之增大，三鹿难以继续沉默下去。2008 年 9 月 10 日三鹿集团称，委托甘肃质检部门对奶粉进行检验，质量是合格的。第二天，三鹿再次否认奶粉出现质量问题，并且其宣传部长声称：“作为具有 60 多年历史的国家知名企业，我们具有极高的社会责任感。我们所有的产品都没问题。”此时，三鹿从置之不理的沉默策略，转而采用了否认危机的辩解策略。

2008 年 9 月 12 日，三鹿集团突然宣布“公司自检发现奶粉受到三聚氰胺的污染，市场上大约有 700 吨”，舆论一片哗然。随之，9 月 16 日，中央电视台新闻联播报道，22 家 491 批次婴幼儿奶粉检出三聚氰胺，三鹿奶粉事件正式升级为乳品行业的“三聚氰胺事件”。2008 年 9 月 13 日，党中央、国务院对严肃处理三鹿牌婴幼儿奶粉事件作出部署，立即启动国家重大食品安全事故一级响应，并成立应急处置领导小组。三鹿按照相关规定开始对问题奶粉做下架和召回处理。

从承认奶粉存在质量问题之后，三鹿试图采用和解策略恢复市场信心和企业形象。9 月 18 日上午召开的河北省政府新闻发布会上，新当选的石家庄三鹿集团股份有限公司董事长张振岭代表公司对由三鹿牌婴幼儿配方奶粉引发的重大食品安全事故给消费者带来的伤害及损失表示深深的歉意。

从三聚氰胺危机的发展过程中可以看出，三鹿连续采用了缄默策略、辩解策略和和解策略。三鹿先是无视患儿父母和医生的质疑，从 2008 年 6 月 8 日起到 9 月 9 日一直对质疑没有做任何表态和应对，任由事件自然发展。随后，迫于各方面压力，同时为了掩盖问题真相，三鹿选择了辩解策略，否认奶粉存在质量问题。但是，三鹿的辩解仅仅持续了两天，又转而承认问题奶粉中确实含有三聚氰胺，初步查明问题奶粉多达 700 吨。

3. 危机影响

毒奶粉事件的爆发使得三鹿奶粉及其相关产品的销量一落千丈，加之召回和患儿赔偿费用急剧增加，三鹿已经难以支撑。这家国内连续 14 年保持产销量第一的奶粉生产企业，最终不得不面对资不抵债的困境，进入破产程序。2008 年 12 月 24 日，三鹿外资股东新西兰恒天然集团（Fonterra Co－operative Group）方面确认，石家庄市中级人民法院已经对三鹿发出破产令。2008 年 12 月 30 日，石家庄市人民政府新闻办公室发布公告，指出石家庄三鹿集团股份有限公司已进入破产程序。根据《中华人民共和国破产法》第二十五条第六项、第二十六条的规定，经法院批准，石家庄三鹿集团管理人已于 2008 年 12 月 29 日与河北三元食品有限公司签订《资产租赁协议》。2009 年 3 月 4 日，三鹿剩余资产最终被三元以 6.1650 亿元成功拍得。虽然毒奶粉事件对中国乳业的负面影响至今未消除，三鹿作为一家企业已经不复存在了。

4. 案例评价

三鹿毒奶粉造成上万名婴幼儿患病，甚至出现了死亡案例，使得三鹿声誉一落千丈。同时在国家正式产品检测报告公布前，三鹿消极强硬的态度是广大消费者不能容忍的。在消费者的怀疑和敌意面前，即使后来三鹿公开道歉、召回产品、关怀和赔偿患儿，其应对效果也大打折扣。最终，三鹿难挽颓势，以倒闭破产的结局收场。

根据本研究的结论，对于不可辩解型产品危机，最优应对策略是和解策略，并且要从提高消费者对应对策略的满意度触发来设计不同的应对内容。因此，危机企业应采取的一般流程是：（1）在产品伤害危机发生后，尽快确认危机类型。如果自身不能确认产品伤害危机的类型，可以采取向质检部门送检的方式予以确认。（2）选择与产品伤害危机类型相匹配的最优应对策略。如果产品缺陷违法违规，和解策略更好；否则，应该采取辩解策略。（3）如果错选应对策略，应尽快予以纠正。转而采用最优应对策略后，效果会优于坚持采用最差应对策略的情形，避免产生灾难性后果。

由本研究结论可以看出，三鹿的危机管理存在以下缺陷。一是没有主动确认危机类型。自从2008年6月有患儿病例出现起，三鹿在近三月中一直对事件置之不理，没有分析问题原因。在没有明确危机类型的情况下，三鹿盲目采用了缄默策略，既错过了最佳应对时机，又放任负面舆论的加强，增加了消费者的怀疑。二是应对策略的纠正过慢。2008年8月，三鹿就已经对问题奶粉有了初步了解，已经知道存在质量问题，却在9月初纠正以前采用缄默策略，其迟缓的反应被消费者理解为不负责任，进一步加重了消费者对三鹿的厌恶。三是应对策略的纠正错误。明确产品的确存在质量问题后，三鹿并没有采用最佳的和解策略，而选择了否认策略。在重大危机面前，为了掩盖真相而误导消费者的行为是不被容忍的，此时消费者已经形成了强烈的不信任。四是应对策略不够系统。在问题奶粉真相暴露和政府强制负责的背景下，三鹿疲于应付，没有像蒙牛等企业一样形成一套有体系的应对策略。在危机严重性和消费者不信任都非常强烈的情景下，凌乱的应对策略是不可能收到好效果的。

三鹿的倒闭属于罪有应得，无需惋惜。但是，作为营销管理研究者，我们惋惜的是一个经过几十年打造的强势品牌随着一个企业的倒闭而消失。企业的倒闭是一个财务问题，是企业资不抵债时的选择；而品牌的销售是一个市场问题，是营销失败的结果。我们可以设想，如果三鹿在应对危机时采取了本研究指出的科学流程，或许三鹿依然难逃资不抵债的命运，但是合适的应对策略却可以大大降低消费者对品牌的负面联想，给品牌的重生留下一些希望。可口可乐公司就曾宣称，如果烧掉其在全球的工厂，仅仅凭借可口可乐的品牌公司就可以东山再起。因此，对于经历不可辩解型产品伤害危机的企业来说，成功的应对策略不仅可以减少公司的损失，即使企业因危机而消失了，企业营销活动形成的品牌资产也可以更多地保留下来。

二、博士伦护理液真菌污染危机

2006年，在进入中国市场的第20个年头，博士伦公司的一款护理液产品出现安全性问题，致使多名使用者患上角膜炎，还有个别消费者出现了失明的症状。该事件发端于新加坡市场，随后美国、马来西亚、中国内地、中国香港等地相关部门公布了安全警示，该事件逐渐成为舆论的焦点。美国食品药品管理局（FDA）的报告最终证实该款产品在生产过程中受到真菌污染，会增加使用者患角膜炎的几率。消费者开始质疑这家知名度最高、市场占有率和销售量最高的隐形眼镜企业，要求退还产品、赔偿损失和公开道歉。博士伦公司为了挽回声誉，赢回消费者，采取了多种应对手段。

1. 危机缘起

博士伦润明护理液受真菌污染事件源起于新加坡卫生部的安全提示，而后香港地区和黑龙江省的调查结果加剧了危机的形成，美国食品药品管理局（FDA）的权威报告发布后，该危机事件到达舆论的高潮。

2006年2月17日，新加坡卫生部发布通告，提示民众正确使用隐形眼镜。该部门调查发现，自2006年5月起，39名患者因使用隐形眼镜而出现真菌性角膜炎症状，其中34名患者使用过博士伦润明全护理液。该部门指出，得到确切分析结果还需要几个月时间，建议消费者暂停使用博士伦润明全护理液。①

由于香港市场上的博士伦润明全护理液与新加坡市场上的来自同一家美国工厂，一天后，香港卫生防护中心宣布介入调查。同时，博士伦香港有限公司暂停发售相关产品，并展开调查。

在得知以上新闻后，黑龙江省眼镜行业协会开通查询及投诉电话，有11名消费者进行了投诉，称在使用该产品后，出现不同程度的角膜炎和结膜炎。随后，黑龙江省眼镜行业协会对这11名消费者进行了相关检查，结果证实他们的确患有角膜炎和结膜炎。

15日，马来西亚卫生部宣布，由于马来西亚医院发现真菌性角膜炎病例，马卫生部已决定从市场上收回博士伦公司生产的润明多功能隐形眼镜护理液。

---

① http：//finance. sina. com. cn/focus/bslysaj。

4 月 11 日，美国食品药品管理局（FDA）的公告使得危机达到舆论的高潮。美国食品药物管理局（FDA）宣布，由于被怀疑可能与眼部罕见疾病相关，博士伦公司将主动暂停旗下润明护理液的发货。随后，FDA 在其网站上公布了一篇报告，提到在对博士伦南卡罗来纳州格林维尔工厂调查中发现的部分违规行为的细节。

2. 危机应对

在调查结果公布后，博士伦公司采用了多种策略应对危机，挽回损失。

第一，博士伦公司宣布召回产品。5 月 15 日，博士伦公司宣布，该公司的润明全护理液有增加使用者感知真菌性角膜炎的危险，并决定在全球范围内召回该款产品。新加坡是事件发端地，博士伦的做法比较谨慎，在事件发生不久，便主动暂停销售相关产品。博士伦公司在香港地区也采用了类似策略，在尚不明确该款产品与角膜炎的关系时，香港博士伦就主动宣布港澳暂停出售有关的 ReNu 隐形眼镜护理产品。在北京市场，博士伦公司决定召回美国工厂生产的该产品，并制定出换货政策。

第二，博士伦公司证实其他产品的无害性。在召回问题产品的同时，为了防止危机进一步蔓延至其他产品，博士伦公司强调，消费者的安全是博士伦公司优先考虑的问题。博士伦公司进行了大量公告宣传，说明公司旗下其他产品与问题产品的配方完全不同，没有安全问题。

第三，博士伦公司向消费者道歉。① 在全面召回美国工厂生产的产品后，博士伦公司就“润明护理液疑导致角膜炎风波”向消费者致歉。

第四，博士伦公司在中国内地市场进行重点公关。在博士伦宣布全球召回润明全护理液后，消费者发现该款产品仍然在内地市场销售，开始质疑博士伦公司。为了应对该紧急情况，5 月 16 日，博士伦公司全球副总裁巴同杰紧急来华进行危机公关。博士伦之前表示，他们在中国内地市场上销售的产品基本上都是国产产品，博士伦中国公司仅在 2005 年 5 月到 6 月间进口过美国生产的润明水凝护理液，只有极少量进口的博士伦润明水凝护理液产品在市场上留存。

---

① http：//finance. sina. com. cn/xiaofei/consume/20060429/01512540548. shtml。

第五，赔偿消费者。[①] 危机事件发生后，受害者向法院起诉博士伦公司，以得到赔偿。博士伦公司迅速与受害者沟通，达成庭外和解，支付了高达2.5亿美元的赔偿金。

3. 案例评价

博士伦润明护理液受真菌污染事件始于2006年2月，5月份达到高潮，到6月份，公司制定了基本产品政策、召回政策和赔偿政策。自此，该事件告一段落。博士伦润明护理液受真菌污染事件是典型的不可辩解型产品伤害危机。该产品受到真菌污染，导致使用者患角膜炎的几率提高。有几百名消费者因使用该产品而患上角膜炎，还有个别使用者因此失明。违反了产品质量法和消费者保护法等多项法律法规。

不可辩解型产品伤害危机与可辩解型产品伤害危机的最优策略具有较大差异。只有采用正确的应对方式，博士伦公司才有可能挽回声誉、赢回消费者。根据本研究的结论，对于不可辩解型产品危机，最优应对策略是和解策略，并且要从提高消费者对应对策略的满意度触发来设计不同的应对内容。

博士伦公司采取的应对策略，与本研究得出的最优应对策略一致。在美国食品药品管理局（FDA）证实产品存在缺陷，受到真菌污染后，博士伦公司选择和解策略积极应对。博士伦公司，先是下架和召回问题产品，又向消费者道歉，并赔偿受害者。对于重点市场，博士伦公司进行了重点攻关，如令全球副总裁来华，与政府、媒体和消费者沟通。虽然，和解策略使得博士伦付出高昂代价，仅补偿消费者费用就高达2.5亿美元。但是，总体上，博士伦公司的策略是成功的。在对博士伦产品质量的质疑声中，公司通过和解策略，使得消费者对护理液安全性质疑没有蔓延至其他产品，挽回了品牌声誉。

① http：//finance.ifeng.com/news/bgt/20090602/731774.shtml。

第九章　研究成果回顾

品牌资产是一种脆弱的无形资产，创建它需要多年的时间，但毁掉它却只需要经历一场危机，三鹿奶粉、三株口服液都是典型的例子。因此，理解产品伤害危机对品牌资产的影响具有重要意义。产品伤害危机发生后，企业最关注的就是应对策略的选择问题；但在营销实践中，营销主管通常都是依靠经验和感觉来回答这些问题（Siomkos 和 Kurzbard，1994）。而且他们的直觉判断也不统一，有的采取辩解策略，有的采取和解策略，有的干脆采取缄默策略或混合策略……。产品伤害危机有没有最优应对策略？如果有，是什么策略？这不仅成为产品伤害危机研究的理论问题，同样也是一个亟待解决的现实问题。

为了解决这个问题，我们设计了四个研究：（1）可辩解型产品伤害危机中个体差异对品牌资产的影响；（2）产品伤害危机应对策略对品牌资产的影响研究；（3）可辩解型产品伤害危机应对策略对品牌资产的影响研究；（4）不可辩解型产品伤害危机应对策略对品牌资产的影响研究。

接下来，我们回顾研究的主要结论。

首先是产品伤害危机中个体差异对品牌资产的影响研究的结论。

通过产品伤害危机中个体差异对品牌资产的影响研究，本研究得出如下结论：（1）与轻度消费者相比，重度消费者会在更大程度上维持对品牌态度、感知质量、品牌合意性的认知，基于重度消费者的品牌资产受损程度也更小。这样的结果，可以从社会心理学的角度得到解释。社会心理学研究表明，行为会影响态度，因此，危机发生前的重度购买行为会形成对产品的正面态度；在产品伤害危机发生以后，虽然客户接受到了负面信息，但为了减少自身的焦虑情绪和不协调感，重度消费者会在更大程度上维持对产品品牌的知识构成。（2）在产品伤害危机中，消费者对品牌的期望越高，会在更大程度上维持对感知质量、购买意向、品牌合意性的认知，其品牌资产受损程度也越小。形成这样的结果，也可以从社会心理学的角度得到解释。由于先前的期望强度不同，人会选择性地注意外部信息，导致对客观现象的解释存在很大差异。当消费者对品牌期望较高时，更容易触发选择性注意效应，更倾向于注意对品牌的有利信息，维持品牌知识的构成，其品牌资产的受损程度也相对更小。

表9.1　产品伤害危机中个体差异对品牌资产的影响研究中的假设验证情况

H_1	在产品伤害危机中，与轻度消费者相比，基于重度消费者的品牌资产受损程度更小	验证
H_{1a}	在产品伤害危机中，与轻度消费者相比，重度消费者的品牌态度受损程度更小	验证
H_{1b}	在产品伤害危机中，与轻度消费者相比，重度消费者的品牌信任降低程度更小	未验证
H_{1c}	在产品伤害危机中，与轻度消费者相比，重度消费者的感知质量降低程度更小	验证
H_{1d}	在产品伤害危机中，与轻度消费者相比，重度消费者的购买意愿降低程度更小	未验证
H_{1e}	在产品伤害危机中，与轻度消费者相比，重度消费者的品牌合意性降低程度更小	验证
H_2	在产品伤害危机中，消费者对品牌的期望越高，其品牌资产受损程度越小	验证
H_{2a}	在产品伤害危机中，消费者对品牌的期望越高，其品牌态度受损程度越小	未验证
H_{2b}	在产品伤害危机中，消费者对品牌的期望越高，其品牌信任降低程度越小	未验证
H_{2c}	在产品伤害危机中，消费者对品牌的期望越高，其感知质量降低程度越小	验证
H_{2d}	在产品伤害危机中，消费者对品牌的期望越高，其购买意愿降低程度越小	验证
H_{2e}	在产品伤害危机中，消费者对品牌的期望越高，其品牌合意性降低程度越小	验证

其次是产品伤害危机应对策略对品牌资产的影响研究的结论。

通过产品伤害危机应对策略对品牌资产的影响研究，本研究得出如下结论：（1）在可辩解型产品伤害危机中，最优的是辩解策略，能在危机爆发后抑制负面信念的形成；最差的是和解策略，会增强消费者认为企业对危机负有责任的不利品牌信念，进而对品牌资产造成损害。（2）在不可辩解型产品伤害危机中，最优的应对策略是和解策略，它能传递出不再犯错的诚意，让消费者形成积极正面的品牌信念，辩解策略和缄默策略则没有显著区别。（3）在两类产品伤害危机中采用混合策略（先最差策略、后最优策略），对声誉好的企业而言，效果与最优应对策略接近；对声誉坏的企业而言，效果也优于最差应对策略。（4）产品伤害危机发生后，如果选择了最优应对策略或混合策略，企业声誉就会对正向调节应对策略对品牌资产的保护作用，非常有利于化解危机。

在理论上，产品伤害危机应对策略对品牌资产的影响研究有三点贡献：（1）从产品伤害危机的应对策略来看，跨危机类型对比了应对策略的优劣，发现了产品伤害危机类型与企业声誉的调节作用，证明了两类危机的最优应对策略存在非常大的差异。这将有助于解释产品伤害危机中的迷惑现象，比如：有的公司采用和解策略（比如：肯德基含苏丹红危机）能有效应对危机，而其他公司却导致非常负面的效果（比如：巨能钙含致癌双氧水危机）。（2）从品牌资产来看，在不同危机类型和不同企业声誉条件下，探讨了应对策略对品牌资产的影响关系，有助于深入理解品牌资产在产品伤害危机中的变动机制。（3）有利于解释危机管理中关于最优应对策略的观点差异。在危机管理（包含但不局限于产品伤害危机）中，有的学者认为和解策略更优（Ihlen，2002），有的研究却发现辩解策略更优（Ware 和 Linkugel，1973）；本研究将危机类型进行分类研究，发现危机类型对最优策略具有调节作用，解释了两种观点的矛盾。在实践上，产品伤害危机应对策略对品牌资产的影响研究为有效应对产品伤害危机提供了参考依据。企业在应对产品伤害危机上往往缺乏理论指导，实践环节上存在大量的问题；企业是人运作的，所以很多企业在应对危机的时候，会呈现出人应对危机的弱点——对产品伤害危机的处理反应太过直接，缺乏整体性和系统性（Mitroff 和 Pauchant，1990）。要解决这一问题，可以从四个方面着手：（1）在产品伤害危机发生后，尽快确认危机类型。如果自身不能确认产品伤害危机的类型，可以采取向质检部门送检的方式予以确认；在亨氏奶粉转基因危机、高露洁涉嫌致癌危机中，企业都向质检部门主动送检过产品。（2）选择与产品伤害危机类型相匹配的最优应对策略。如果产品缺陷违法违规，和解策略更好；否则，应该采取辩解策略。（3）如果错选应对策略，应尽快予以纠正。转而采用最优应对策略后，效果会优于坚持采用最差应对策略的情形，避免产生灾难性后果。（4）在日常经营中注重企业声誉的经营和累积。先前的研究已经发现企业声誉能正向影响从股票价格到员工道德的一系列因素（Hearit，1997），但是它的积极意义不仅于此。在产品伤害危机中，如果采取最优应对策略或混合策略，企业声誉还能正向调节应对策略对品牌资产的影响，有效消除产品伤害危机给消费者造成的负面信念。所以，为有效应对可能出现的产品伤害危机，还可以从平常入手，通过公益事业营销、社会责任活动等手段塑造正面的企业声誉。此外，本研究对政府质量安全工作有一点启示，即加快完善产品质量标准。以 2009 年发生的“益力多涉嫌含糖过高危机”

为例，国家至今在这方面没有标准，无法判断危机类型，每当某些医学机构声称含糖过高可能导致不健康时，企业难以决策采取哪种应对策略。

表9.2　产品伤害危机应对策略对品牌资产的影响研究中的假设验证情况

H_1	在产品伤害危机中，就保护品牌资产的效果而言，产品伤害危机的类型对应对策略存在调节作用	验证
H_{1a}	在可辩解型产品伤害危机中，就保护品牌资产的效果而言，最优的是辩解策略，其次是缄默策略，最差的是和解策略	验证
H_{1b}	在不可辩解型产品伤害危机中，就保护品牌资产的效果而言，和解策略最优，辩解策略和缄默策略之间没有显著差异	验证
H_2	在产品伤害危机中，对声誉较好的企业而言，采取混合策略对品牌资产的保护效果与最优应对策略接近；而对声誉较坏的企业而言，则与最差应对策略接近	部分验证
H_{2a}	在可辩解型产品伤害危机中，对声誉较好的企业而言，采取混合策略对品牌资产的保护效果与采取辩解策略接近；而对声誉较坏企业而言则反之	部分验证
H_{2b}	在不可辩解型产品伤害危机中，对声誉较好的企业而言，采取混合策略对品牌资产的保护效果与采取和解策略接近；而对声誉较坏企业而言则反之	部分验证
H_3	在产品伤害危机中，企业声誉会正向调节应对策略对品牌资产的保护效果	验证

再次是可辩解型产品伤害危机应对策略对品牌资产的影响研究的结论。

通过可辩解型产品伤害危机应对策略对品牌资产的影响研究，本研究得出如下结论：（1）企业最优应对策略是辩解策略，能有效减低心理风险，减少负面品牌信念，降低对品牌资产的不利影响；最差的是和解策略，不能减低心理风险，因而会对品牌资产造成损害；缄默策略和攻击策略的效果居中。（2）有外界澄清的效果远远优于企业单独应对，而且还会负向调节企业应对策略对品牌资产的影响，淡化企业应对策略之间的差异，给企业更大的操作空间。（3）在“无外界澄清、采取辩解策略”的条件下，企业声誉将正向调节企业应对策略对品牌资产的影响作用。（4）心理风险是各种自变量影响品牌资产的中介变量。

在理论上，可辩解型产品伤害危机应对策略对品牌资产的影响研究有四点贡献：（1）从应对策略来看：通过两两对比的方式，验证了可辩解型产品伤害危机的最优应对策略。（2）从品牌资产来看，在可辩解型产品伤害危机中，探讨了企业声誉、外界澄清、企业应对策略、心理风险等变量对品牌资产的影响机制。（3）从调节变量来看，发现了外界澄清的负向调节作用和企业声誉的正向调节作用。这将有助于解释：为什么经历类似的危机、采取类似的企业应对策略，但各个企业遭受的损失却不一样？（4）从中介变量来看，在可辩解型产品伤害危机中，证实了心理风险对品牌资产的强烈中介作用。

在实践中，可辩解型产品伤害危机应对策略对品牌资产的影响研究为有效应对可辩解型产品伤害危机提供了参考依据。企业在应对可辩解型产品伤害危机上往往缺乏理论指导，实践环节上存在大量的问题；企业是人运作的，所以很多企业在应对危机的时候，会呈现出人应对危机的弱点——对危机的处理反应太过直接，缺乏整体性和系统性（Mitroff 和 Pauchant，1990）。要解决这一问题，可以从四个方面着手：（1）在产品伤害危机发生后，尽快确认危机类型。如果企业自身不能确认产品是否违规，可以采取向质检部门送检的方式予以确认；在“亨氏奶粉转基因危机”、“高露洁涉嫌致癌危机”中，两家企业通过向质检部门主动送检产品，确认了自身是否负有责任。（2）选择正确的企业应对策略。和解策略能让企业显得更积极、更负责，但却无助于降低消费者的心理风险，并不利于保护品牌资产；坚持运用辩解策略才是最优选择。（3）争取外界机构协助澄清。外界机构的可知觉专家性和可知觉信耐性更高，更有利于消除心理风险、保护品牌资产，应该积极争取。（4）注重企业声誉的经营和累积。先前的研究已经发现企业声誉能正向影响从股票价格到员工道德的一系列因素（Hearit，2001），但是它的积极意义不仅于此。在可辩解型产品伤害危机中，在没有外界澄清条件下，如果选择了最优的企业应对策略（即辩解策略），企业声誉还能正向调节应对策略对品牌资产的影响。所以，为有效应对可能出现的可辩解型产品伤害危机，还可以从平常入手，通过公益事业营销、社会责任活动等手段，塑造正面的企业声誉。此外，本研究对政府质量安全工作有一点启示，即：产品伤害危机发生后，应积极介入处理，尽早确认产品是否违规。在 2006 年发生的“SK－Ⅱ涉嫌含重金属危机”中，多个政府机构先后做出矛盾的裁定结果，且 3 个月后才最终协助企业澄清产品无害性，让企业感觉无所适从。又以 2009 年发生的“益力多涉嫌含糖过高危机”为例，国家至今在这方面没有质量标准，企业无法判断危机类型；每当某些医学机构声称含糖过高可能导致不健康时，企业难以决策采取哪种应对策略，不知是召回产品更好、还是应该据“法”力辩。

表 9.3　可辩解型产品伤害危机应对策略对品牌资产的影响研究中的假设验证情况

H_1	在可辩解型产品伤害危机中，就保护品牌资产而言，最优的是辩解策略，其次是攻击策略，然后是缄默策略，最差的是和解策略	部分验证
H_{1a}	在可辩解型产品伤害危机中，就保护品牌资产的效果而言，最优的是辩解策略，最差的是和解策略	验证
H_{1b}	在可辩解型产品伤害危机中，就保护品牌资产的效果而言，缄默策略和攻击策略的效果，居于和解策略和辩解策略之间	验证
H_{1c}	在可辩解型产品伤害危机中，与缄默策略相比，攻击策略更有利于保护品牌资产	未验证
H_2	在可辩解型产品伤害危机中，与无外界澄清相比，有外界澄清更有利于保持品牌资产	验证
H_3	在可辩解型产品伤害危机中，外界澄清会负向调节企业应对策略对品牌资产的影响	验证
H_4	在产品伤害危机中，企业声誉越好，则品牌资产越高	验证
H_5	在可辩解型产品伤害危机中，企业声誉会正向调节企业应对策略对品牌资产的影响	部分验证
H_6	在可辩解型产品伤害危机中，在企业应对策略、外界澄清、企业声誉影响品牌资产的过程中，心理风险充当了中介变量	验证

最后是不可辩解型产品伤害危机对品牌资产的影响研究的结论

通过不可辩解型产品伤害危机对品牌资产的影响研究，本研究得出如下结论：（1）本研究发现不同的应对策略对感知公平的影响不同。具体来说：情感性应对和信息性应对正向影响感知交互公平，信息性应对正向影响感知过程公平和感知交互公平，纠正性应对正向影响感知分配公平。（2）本研究发现感知交互公平和感知分配公平正向影响应对满意度。（3）应对满意度正向影响品牌资产。（4）本研究发现应对满意度在感知交互公平和品牌资产之间具有部分中介作用，在感知分配公平和品牌资产之间具有完全中介作用。研究结论揭示出应对策略影响顾客态度和认知的内在心理机制，即顾客对应对策略的感知公平是影响应对满意度的重要心理机制。同时，研究结论还指出，感知公平对品牌资产的直接影响需要通过应对满意度发挥作用。

在理论上，不可辩解型产品伤害危机对品牌资产的影响研究的创新点包括以下三个各方面：（1）从应对策略来看，本研究从公平理论和心理账户理论的视角解释了应对策略的内在心理机制，发现不同的应对策略对感知公平不同维度的影响不同；（2）从品牌资产来看，本研究探讨了不可辩解型产品伤害危机中应对策略对品牌资产的影响机制；（3）从中介变量来看，本研究发现应对满意度在感知交互公平和品牌资产之间具有部分中介作用，在感知分配公平和品牌资产之间具有完全中介作用。

在实践上，不可辩解型产品伤害危机对品牌资产的影响研究的研究成果为企业如何设计应对策略以保护品牌资产提供了理论借鉴。不可辩解型产品伤害危机发生后，企业需要做好以下三个方面的工作：（1）做好道歉工作，对过错表示懊悔，对受害者表示同情。这将有助于维持感知交互公平和顾客满意，进而维护品牌资产。（2）在处理事件过程中，及时发布信息，沟通处理进度。这将有助于维持感知交互公平、感知过程公平和顾客满意，进而保护品牌资产。（3）作出适当经济赔偿，及时纠正过错，建立预防措施。这将有助于维持感知分配公平和顾客满意，实现品牌资产保值的目的。以上三种举措，各有所用、不能替代，企业应该综合应用。

表 9.4　不可辩解型产品伤害危机对品牌资产的影响研究中的假设验证情况

H_{1a}	在不可辩解型产品伤害危机中，情感性应对能够正向影响感知过程公平	未验证
H_{1b}	在不可辩解型产品伤害危机中，情感性应对能够正向影响感知交互公平	验证
H_{2a}	在不可辩解型产品伤害危机中，信息性应对能够正向影响感知过程公平	验证
H_{2b}	在不可辩解型产品伤害危机中，信息性应对能够正向影响感知交互公平	验证
H_3	在不可辩解型产品伤害危机中，纠正性应对能够正向影响感知分配公平	验证
H_{4a}	在不可辩解型产品伤害危机中，感知过程公平能够正向影响应对满意度	未验证
H_{4b}	在不可辩解型产品伤害危机中，交互公平能够正向影响应对满意度	验证
H_{4c}	在不可辩解型产品伤害危机中，分配公平能够正向影响应对满意度	验证
H_5	在不可辩解型产品伤害危机中，应对满意度能够正向影响品牌资产	验证
H_{6a}	在不可辩解型产品伤害危机中，应对满意度在过程公平与品牌资产之间具有中介作用	未验证
H_{6b}	在不可辩解型产品伤害危机中，交互公平与品牌资产之间具有中介作用	部分验证
H_{6c}	在不可辩解型产品伤害危机中分配公平与品牌资产之间具有中介作用	验证

综合以上四个方面的研究，本研究比较全面地探讨了产品伤害危机及其应对策略与品牌资产的关系问题，解决了产品伤害危机及其应对的相关问题。本研究完善了产品伤害危机理论和品牌资产理论。

具体而言，（1）从产品伤害危机的影响来看，产品伤害危机对期望较低或消费量较少的顾客的影响较大；（2）从产品伤害危机的企业应对策略来看，跨危机类型对比了应对策略的优劣，发现了产品伤害危机类型与企业声誉的调节作用，证明了两类危机的最优应对策略存在非常大的差异，可辩解型产品伤害危机的最优应对策略是“辩解策略”，不可辩解型产品伤害危机的最优应对策略是“和解策略”，进而本研究解决了对产品伤害危机最优应对策略认识不一致的问题；（3）从产品伤害危机的外界应对策略上看，有外界澄清的效果远远优于企业单独应对，而且还会负向调节企业应对策略对品牌资产的影响，淡化企业应对策略之间的差异，给企业更大的操作空间；（4）从品牌资产来看，在不同危机类型和不同企业声誉条件下，探讨了应对策略对品牌资产的影响关系，有助于深入理解品牌资产在产品伤害危机中的变动机制。（5）从调节变量来看，本研究发现了外界澄清的负向调节作用和企业声誉的正向调节作用。这将有助于解释：为什么经历类似的危机、采取类似的企业应对策略，但各个企业遭受的损失却不一样？（6）从中介变量来看，在可辩解型产品伤害危机中，证实了心理风险对品牌资产的强烈中介作用，而在不可辩解型产品伤害危机中，本研究证实消费者对企业应对策略的满意度在感知交互公平和品牌资产之间具有部分中介作用，在感知分配公平和品牌资产之间具有完全中介作用；（7）从企业应对策略发挥作用的心理机制来看，本研究从公平理论和心理账户理论的视角解释了不可辩解型产品伤害危机的企业应对策略发挥作用的内在心理机制，即发现不同的应对策略对感知公平不同维度的影响不同。

根据本以上理论成果，本研究提出了企业应对产品伤害危机的指导性建议和模式。企业可以从六个方面着手：（1）在产品伤害危机发生后，尽快确认危机类型。如果自身不能确认产品伤害危机的类型，可以采取向质检部门送检的方式予以确认。（2）选择与产品伤害危机类型相匹配的最优应对策略。如果产品缺陷违法违规，和解策略更好；否则，应该采取辩解策略。（3）如果错选应对策略，应尽快予以纠正。转而采用最优应对策略后，效果会优于坚持采用最差应对策略的情形，避免产生灾难性后果。（4）企业要精心设计具体应对策略，要考虑消费者的类型和消费者对具体测量的感知公平性。（5）争取外界机构协助澄清，外界机构的可知觉专家性和可知觉信耐性更高，更有利于消除心理风险、保护品牌资产，应该积极争取。（6）在日常经营中注重企业声誉的经营和累积。同时，本研究对政府质量安全工作有一点启示，即加快完善产品质量标准。

参考文献

[1] Aaker D A. Building strong brands [M] . New York: Free Press, 1996.

[2] Aaker D A. Managing brand equity [M] . New York: Free Press, 1991.

[3] Achenbaum A A. The mismanagement of brand equity [C] . ARF Fifth Annual Advertising and Promotion Workshop , 1993.

[4] Adams J S. Inequity in social exchange [J] . Advances in experimental social psychology, 1965, 2: 267 –299.

[5] Agarwal M K, Rao V R. An empirical comparison of consumer – based measures of brand equity [J] . Marketing Letters, 1996, 7 (3): 237 –247.

[6] Ahluwalia R, Unnava H R, Burnkrant R E. The moderating role of commitment on the spillover effect of marketing communications [J] . Journal of Marketing Research, 2001, 38 (4): 458 –470.

[7] Ailawadi K L, Lehmann D R, Neslin S A. Revenue premium as an outcome measure of brand equity [J] . Journal of Marketing, 2003, 67 (4): 1 –17.

[8] Al R, Trout J. Positioning: The battle for your mind [Z] . New York: Warner Books, 1982.

[9] Alba J W, Hutchinson J W. Dimensions of consumer expertise [J] . Journal of consumer research, 1987, 13 (4): 411 –454.

[10] Allen M W, Caillouet R H. Legitimation endeavors: Impression management strategies used by an organization in crisis [J] . Communication Monographs, 1994, 61 (1): 44 –62.

[11] Anderson J C, Gerbing D W. Structural equation modeling in practice: A review and recommended two – step approach. [J] . Psychological bulletin, 1988, 103 (3): 411 –423.

[12] Background T. A hypothesis – confirming bias in labeling effects [J] . The Blackwell reader in social psychology, 1983, 44 (1): 22 –23.

[13] Balzer W K, Sulsky L M. Halo and performance appraisal research: A critical examination. [J] . Journal of Applied Psychology, 1992, 77 (6): 975 -985.

[14] Bennett R. A study of brand loyalty in the business services sector [J]. 2010, Working Paper.

[15] Berman B. Planning for the inevitable product recall [J] . Business Horizons, 1999, 42 (2): 69 -78.

[16] Berry L L. On great service: A framework for action [M] . Free Pross, 1995.

[17] Bies R J, Moag J S. Interactional justice: Communication criteria of fairness [J] . Research on negotiation in organizations, 1986, 1 (1): 43 -55.

[18] Bies R J, Shapiro D L. Interactional fairness judgments: The influence of causal accounts [J] . Social Justice Research, 1987, 1 (2): 199 -218.

[19] Birch J. New Factors in Crisis Planning and Response. [J] . Public Relations Quarterly, 1994, 39 (1): 31 -34.

[20] Blackston M. Observations: building brand equity by managing the brand's relationships [J] . Journal of Advertising Research, 2003, 40 (6): 101 -105.

[21] Blanton H, Pelham B W, Dehart T, *et al.* Overconfidence as dissonance reduction [J] . Journal of Experimental Social Psychology, 2001, 37 (5): 373 -385.

[22] Blodgett Donna J, Jeffrey G. The effects of distributive, procedural, and interactional justice on postcomplaint behavior [J] . Journal of Retailing, 1997, 73 (2): 185 -210.

[23] Bloemer J, Odekerken - Schroder G. Store satisfaction and store loyalty explained by customer - and store - related factors [J] . Journal of Consumer Satisfaction Dissatisfaction and Complaining Behavior, 2002, 15: 68 -80.

[24] Bottom W P, Gibson K, Daniels S E, *et al.* When talk is not cheap: Substantive penance and expressions of intent in rebuilding cooperation [J]. Organization Science, 2002, 13 (5): 497 -513.

[25] Bradford J L, Garrett D E. The effectiveness of corporate communicative responses to accusations of unethical behavior [J] . Journal of Business Ethics, 1995, 14 (11): 875 -892.

[26] Cameron G T. Does publicity outperform advertising? An experimental test of the third - party endorsement [J] . Journal of Public Relations Research, 1994, 6 (3): 185 - 207.

[27] Campbell C R, Henry J W. Gender differences in self - attributions: Relationship of gender to attributional consistency, style, and expectations for performance in a college course [J] . Sex Roles, 1999, 41 (1): 95 - 104.

[28] Chaudhuri A. A macro analysis of the relationship of product involvement and information search: the role of risk [J] . Journal of Marketing Theory and Practice, 2000, 8 (1): 1 - 15.

[29] Chu T H, Lin C C, Prather L J. An Extension of Security Price Reactions around Product Recall Announcements. [J] . Quarterly Journal of Business and Economics, 2005, 44 (3 - 4): 33 - 49.

[30] Cleeren K, Dekimpe M G, Helsen K. Weathering product - harm crises [J]. Journal of the Academy of Marketing Science, 2008, 36 (2): 262 - 270.

[31] Clemmer E C, Schneider B. Fair service [J] . Advances in services marketing and management, 1996, 5: 109 - 126.

[32] Cobb - Walgren C J, Ruble C A, Donthu N. Brand equity, brand preference, and purchase intent [J] . Journal of Advertising, 1995, 24 (3): 25 - 40.

[33] Coombs W T. An analytic framework for crisis situations: Better responses from a better understanding of the situation [J] . Journal of Public Relations Research, 1998, 10 (3): 177 - 191.

[34] Coombs W T, Holladay S J. An extended examination of the crisis situations: A fusion of the relational management and symbolic approaches [J] . Journal of Public Relations Research, 2001, 13 (4): 321 - 340.

[35] Dacin P A, Smith D C. The effect of brand portfolio characteristics on consumer evaluations of brand extensions [J] . Journal of Marketing Research, 1994, 31 (2): 229 - 242.

[36] Darby B W, Schlenker B R. The use of apologies in social predicaments [J] Social Psychology Quarterly, 1980, 44 (3): 271 - 278.

[37] Darley J M, Gross P H. A hypothesis con rming bias in labeling effects [J]. Journal of Personality and Social Psychology, 1983, 44 (1): 20 – 33.

[38] Davidson Iii W N, Worrell D L. Research notes and communications: The effect of product recall announcements on shareholder wealth [J] . Strategic Management Journal, 1992, 13 (6): 467 – 473.

[39] Dawar N. Product – harm crises and the signaling ability of brands [J]. International Studies of Management & Organization, 1998, 28 (3): 109 – 110.

[40] Dawar N. Product – harm crises and the signaling ability of brands [J]. International Studies of Management & Organization, 1998, 28 (3): 109 – 110.

[41] Dawar N, Pillutla M M. Impact of product – harm crises on brand equity: The moderating role of consumer expectations [J] . Journal of Marketing Research, 2000, 37 (2): 215 – 226.

[42] Deighton J. The interaction of advertising and evidence [J] . Journal of Consumer Research, 1984, 11 (3): 763 – 770.

[43] Deutsch M. Equity, equality, and need: What determines which value will be used as the basis of distributive justice? [J] . Journal of Social issues, 1975, 31 (3): 137 – 149.

[44] Dick A, Chakravarti D, Biehal G. Memory – based inferences during consumer choice [J] . Journal of Consumer Research, 1990, 17 (1): 82 – 93.

[45] Dolan C. Concocting zingy new names starts turning into a business [J]. Wall Street Journal, 1985.

[46] Doyle P. Building successful brands: the strategic options [J] . Journal of Marketing Management, 1989, 5 (1): 77 – 95.

[47] Druckenmiller B. Crises provide insights on image [J] . Advertising Age's Business Marketing, 1993, 78 (8): 40.

[48] Eagly A H, Wood W, Chaiken S. Causal inferences about communicators and their effect on opinion change [J] . Journal of Personality and Social Psychology, 1978, 36 (4): 424 – 435.

[49] Edwards K, Smith E E. A disconfirmation bias in the evaluation of arguments. [J] . Journal of Personality and Social Psychology, 1996, 71 (1): 5 – 24.

[50] Erdem T, Swait J, Iacobucci D. Brand credibility, brand consideration, and choice [J]. Journal of Consumer Research, 2004, 31 (1): 191-198.

[51] Erickson G M, Johansson J K, Chao P. Image variables in multi-attribute product evaluations: country-of-origin effects [J]. Journal of Consumer Research, 1984, 11 (2): 694-699.

[52] Farquhar P H. Managing brand equity [J]. Journal of Advertising Research, 1989, 30 (4): 7-12.

[53] Festinger L. A theory of cognitive dissonance [M]. Stanford University Press, 1957.

[54] Fiske S T. Attention and weight in person perception: The impact of negative and extreme behavior [J]. Journal of Personality and Social Psychology, 1980, 38 (6): 889-906.

[55] Fombrun C J, van Riel C. The reputational landscape [J]. Corporate reputation review, 1997, 1 (2): 5-13.

[56] Fornell C, Larcker D F. Evaluating structural equation models with unobservable variables and measurement error [J]. Journal of marketing research, 1981, 18 (1): 39-50.

[57] Friedson J G. Solving the products liability crisis [J]. American Business Review, 1987, 5 (1): 1-5.

[58] Gaines-Ross L. Part III: Measuring and Valuing Reputations: Leveraging Corporate Equity [J]. Corporate Reputation Review, 1997, 1 (1): 51-56.

[59] Gergen K J. Social exchange theory in a world of transient fact [J]. Behavioral theory in sociology: Essays in honor of George C. Homans, 1977: 91-114.

[60] Geyskens I, Steenkamp J B. An investigation into the joint effects of trust and interdependence on relationship commitment [C]. In Proceedings of the 24th Annual Conference of the European Marketing Academy: 1995.

[61] Goldberg M E, Hartwick J. The effects of advertiser reputation and extremity of advertising claim on advertising effectiveness [J]. Journal of Consumer Research, 1990, 17 (2): 172-179.

[62] Goodwin C, Ross I. Consumer responses to service failures: influence of procedural and interactional fairness perceptions [J]. Journal of Business Research, 1992, 25 (2): 149-163.

[63] Goodwin C, Ross I. Salient dimensions of perceived fairness in resolution of service complaints [J]. Journal of Consumer Satisfaction, Dissatisfaction and Complaining Behavior, 1989, 2 (14): 87-92.

[64] Greenberg J. Looking fair vs. being fair: Managing impressions of organizational justice [J]. Research in organizational behavior, 1990, 36 (12): 111-157.

[65] Griffin M, Babin B J, Attaway J S. An empirical investigation of the impact of negative public publicity on consumer attitudes and intentions [J]. Advances in consumer research, 1991, 18 (1): 334-341.

[66] Gürhan-Canli Z, Batra R. When corporate image affects product evaluations: The moderating role of perceived risk [J]. Journal of Marketing Research, 2004, 41 (2): 197-205.

[67] Ha Y W, Hoch S J. Ambiguity, processing strategy, and advertising-evidence interactions [J]. Journal of Consumer Research, 1989, 16 (3): 354-360.

[68] Hall S C. Determinants of goodwill amortization period [J]. Journal of Business Finance & Accounting, 1993, 20 (4): 613-621.

[69] Harmon-Jones E, Brehm J W, Greenberg J, *et al.* Evidence that the production of aversive consequences is not necessary to create cognitive dissonance. [J]. Journal of Personality and Social Psychology, 1996, 70 (1): 5-16.

[70] Harris M B, Miller K C. Gender and perceptions of danger [J]. Sex Roles, 2000, 43 (11): 843-863.

[71] Hart A J, Evans D L, Wissler R L, *et al.* Injuries, prior beliefs, and damage awards [J]. Behavioral Sciences & the Law, 1997, 15 (1): 63-82.

[72] Hearit K M. Corporate apologia: When an organization speaks in defense of itself. In R. L. Heath (Ed.), Handbook of public relations (pp. 501-511) [M]. CA: Sage 2001.

[73] Hearit K M. On the use of transcendence as an apologia strategy: The case of

Johnson Controls and its fetal protection policy [J] . Public Relations Review, 1997, 23 (3): 217 -231.

[74] Hemsley G D, Doob A N. The effect of looking behavior on perceptions of a communicator's credibility1 [J] . Journal of Applied Social Psychology, 1978, 8 (2): 136 -142.

[75] Henderson J C. Corporate social responsibility and tourism: hotel companies in Phuket, Thailand, after the Indian Ocean tsunami [J] . International Journal of Hospitality Management, 2007, 26 (1): 228 -239.

[76] Herr P M, Kardes F R, Kim J. Effects of word - of - mouth and product - attribute information on persuasion: An accessibility - diagnosticity perspective [J] . Journal of Consumer Research, 1991, 17 (4): 454 -462.

[77] Hoch S J, Deighton J. Managing what consumers learn from experience [J]. The Journal of Marketing, 1989, 53 (2): 1 -20.

[78] Hoch S J, Ha Y W. Consumer learning: advertising and the ambiguity of product experience [J] . Journal of Consumer Research, 1986, 13 (2): 221 -233.

[79] Hoffman K D, Kelley S W, Rotalsky H M. Tracking service failures and employee recovery efforts [J] . Journal of Services Marketing, 1995, 9 (2): 49 -61.

[80] Hong S T, Wyer Jr R S. Determinants of product evaluation: effects of the time interval between knowledge of a product's country of origin and information about its specific attributes [J] . Journal of Consumer Research, 1990, 17 (3): 277 -288.

[81] Hovland C I, Lumsdaine A A, Sheffield F D. Experiments on mass communication: Studies in social psychology in World War II, Vol. 3 [Z]. Princeton, NJ: Princeton University Press, 1949.

[82] Hulland J, Chow Y H, Lam S. Use of causal models in marketing research: A review [J] . International Journal of Research in Marketing, 1996, 13 (2): 181 -197.

[83] Ihlen. Defending the Mercedes A - class: Combining and changing crisis - response strategies [J] . Journal of Public Relations Research, 2002, 14 (3): 185 -206.

[84] Jacoby J, Mazursky D. Linking brand and retailer images – do the potential risks outweigh the potential benefits [J]. Journal of Retailing, 1984, 60 (2): 105 – 122.

[85] John P C. The Dilemma in product liability [J]. Dun's Review, 1977 (1): 48 – 50.

[86] Johnson D W, Johnson R T. Teaching students to be peacemakers: Results of five years of research [J]. Peace and Conflict: Journal of Peace Psychology, 1995, 1 (4): 417 – 438.

[87] Jolly D W, Mowen J C. Product recall communications: The effects of source, media, and social responsibility information [J]. Advances in Consumer Research, 1985, 12 (1): 471 – 475.

[88] Jones M A, Suh J. Transaction – specific satisfaction and overall satisfaction: an empirical analysis [J]. Journal of Services Marketing, 2000, 14 (2): 147 – 159.

[89] Kabak I W, Siomkos G J. How can an industrial crisis be managed effectively? [J]. Industrial Engineering, 1990, 22 (6): 18 – 21.

[90] Kaikati J G. The product liability crisis: Perspective and proposals [J]. Journal of Small Business Management, 1978, 16 (4): 46 – 55.

[91] Kalra A, Goodstein R C. The impact of advertising positioning strategies on consumer price sensitivity [J]. Journal of Marketing Research, 1998, 35 (2): 210 – 224.

[92] Kamakura W A, Russell G J. Measuring brand value with scanner data [J]. International Journal of Research in Marketing, 1993, 10 (1): 9 – 22.

[93] Kaul A, Wittink D R. Empirical generalizations about the impact of advertising on price sensitivity and price [J]. Marketing Science, 1995, 14 (3): 151 – 160.

[94] Keller K L. Brand research imperatives [J]. Journal of Brand Management, 2001, 9: 4 – 7.

[95] Keller K L. Conceptualizing, measuring, and managing customer – based

brand equity [J] . The Journal of Marketing, 1993. 57 (1): 1 -22.

[96] Keller K L. Strategic Brand Management [J] . NJ: Prentice Hall, 2003.

[97] Keller K L, Lehmann D R. How do brands create value? [J] . Marketing Management, 2003, 12 (3): 26 -31.

[98] Kelley S W, Douglas Hoffman K, Davis M A. A typology of retail failures and recoveries [J] . Journal of Retailing, 1993, 69 (4): 429 -452.

[99] Kiesler C A. The psychology of commitment: Experiments linking behavior to belief [M] . New York: Academic Press, 1971.

[100] Kim P H, Ferrin D L, Cooper C D, *et al.* Removing the shadow of suspicion: The effects of apology versus denial for repairing competence - versus integrity - based trust violations [J] . Journal of Applied Psychology, 2004, 89 (1): 104 -118.

[101] Klein J, Dawar N. Corporate social responsibility and consumers'attributions and brand evaluations in a product - harm crisis [J] . International Journal of research in Marketing, 2004, 21 (3): 203 -217.

[102] Klein J G. Negativity in impressions of presidential candidates revisited: The 1992 election [J] . Personality and Social Psychology Bulletin, 1996, 22 (3): 288 -295.

[103] Koenig F. Rumor in the marketplace: The social psychology of commercial hearsay [M] . MA: Auburn House, 1985.

[104] Kotler P, Keller K L. A framework for marketing management [J] . NJ: Pearson Education, 2003.

[105] Kunda Z. The case for motivated reasoning [J] . Psychological bulletin, 1990, 108 (3): 480 -498.

[106] Laczniak R N, Decarlo T E, Ramaswami S N. Consumers'responses to negative word - of - mouth communication: An attribution theory perspective [J]. Journal of Consumer Psychology, 2001, 11 (1): 57 -73.

[107] Lassar W, Mittal B, Sharma A. Measuring customer - based brand equity [J] . Journal of Consumer Marketing, 1995, 12 (4): 11 -19.

[108] Laufer D. Product Crisis and Consumers Assessment of Blame: Is There an

Impact of Country of Origin? [D] . University of Texas, 2002.

[109] Laufer D, Coombs W T. How should a company respond to a product harm crisis? The role of corporate reputation and consumer - based cues [J]. Business Horizons, 2006, 49 (5): 379 - 385.

[110] Laufer D, Gillespie K. Differences in consumer attributions of blame between men and women: The role of perceived vulnerability and empathic concern [J] . Psychology and Marketing, 2004, 21 (2): 141 - 157.

[111] Laufer D, Gillespie K, Silvera D H. The role of country of manufacture in consumers' attributions of blame in an ambiguous product - harm crisis [J] . Journal of International Consumer Marketing, 2009, 21 (3): 189 - 201.

[112] Laufer D, Silvera D H, Meyer T. Exploring differences between older and younger consumers in attributions of blame for product harm crises [J]. Academy of Marketing Science Review,, 2005, 7 (1): 1 - 21.

[113] Laurent G, Kapferer J N. Measuring consumer involvement profiles [J]. Journal of marketing research, 1985, 22 (1): 41 - 53.

[114] Levin I P, Gaeth G J. How consumers are affected by the framing of attribute information before and after consuming the product [J] . Journal of Consumer Research, 1988, 15 (3): 374 - 378.

[115] Lewck R, Bunker B B. Developing and maintaining trust in work relationships [J] . Trust in organizations: Frontiers of theory and research, 1996: 114.

[116] Lind E A, Tyler T R. The social psychology of procedural justice [M]. Springer Us, 1988.

[117] Mahajan V, Rao V R, Srivastava R K. An approach to assess the importance of brand equity in acquisition decisions [J] . Journal of Product Innovation Management, 1994, 11 (3): 221 - 235.

[118] Maheswaran D, Meyers - Levy J. The influence of message framing and issue involvement [J] . Journal of Marketing research, 1990, 27 (3): 361 - 367.

[119] Marcus A A, Goodman R S. Victims and shareholders: The dilemmas of presenting corporate policy during a crisis [J]. Academy of Management Journal, 1991, 34 (2): 281 - 305.

[120] Marks L J, Kamins M A. The use of product sampling and advertising: Effects of sequence of exposure and degree of advertising claim exaggeration on consumers'belief strength, belief confidence, and attitudes [J]. Journal of Marketing Research, 1988, 25 (3): 266 - 281.

[121] Mcgregor I, Newby - Clark I R, Zanna M P. Epistemic discomfort is moderated by simultaneous accessibility of inconsistent elements [J]. Cognitive dissonance: Progress on a pivotal theory in social psychology, Washington, DC: American Psychological Association, 1999: 325 - 353.

[122] Mclaughun M L, Cody M J, O'Hair H, *et al.* The management of failure events: Some contextual determinants of accounting behavior [J]. Human Communication Research, 1983, 9 (3): 208 - 224.

[123] Mcwilliam G, De Chernatony L. Branding Terminology - The real debate [J]. Marketing Intelligence & Planning, 1989, 7 (7/8): 29 - 32.

[124] Menon G, Jewel R D, Rao Unnava H. When a company does not respond to negative publicity: Cognitive elaboration vs. negative affect perspective [J]. Advances in Consumer Research, 1999, 26: 325 - 329.

[125] Mitchell V W. Consumer perceived risk: Conceptualisations and models [J]. European Journal of Marketing, 1999, 33 (1/2): 163 - 195.

[126] Mitroff I I, Pauchant T C. We're so big and powerful nothing bad can happen to us: An investigation of America's crisis prone corporations [M]. Birch Lane Pr, 1990.

[127] Mohr L A, Bitner M J. The role of employee effort in satisfaction with service transactions [J]. Journal of Business Research, 1995, 32 (3): 239 - 252.

[128] Moorman C, Zaltman G, Deshpande R. Relationships between providers and users of market research: The dynamics of trust within and between organizations [J]. Journal of Marketing Research, 1992, 29 (3): 314 - 328.

[129] Morley M. How to manage your global reputation [M]. Palgrave, 2002.

[130] Mowen J C. Further information on consumer perceptions of product recalls [J] . Advances in Consumer Research, 1980, 7 (1): 519 -523.

[131] Myers C A. Managing brand equity: A look at the impact of attributes [J]. Journal of Product & Brand Management, 2003, 12 (1): 39 -51.

[132] Nisbett R E, Wilson T. The halo effect: Evidence for unconscious alteration of judgments [J] . Journal of Feisonality and Social Psychology, 1977, 35 (4): 250 -256.

[133] Nisbett R E, Wilson T. The halo effect: Evidence for unconscious alteration of judgments [J] . Journal of Feisonality and Social Psychology, 1977, 35 (4): 250 -256.

[134] O'Connell J. Business and the products liability crisis [J] . Vital Speeches of the Day, 1977, 43 (9): 278 -280.

[135] Ohbuchi K, Kameda M, Agarie N. Apology as aggression control: Its role in mediating appraisal of and response to harm. [J] . Journal of Personality and Social Psychology, 1989, 56 (2): 219 -227.

[136] Oliver R L. Cognitive, affective, and attribute bases of the satisfaction response [J] . Journal of Consumer Research, 1993, 20 (3): 418 -430.

[137] Oliver R L, Swan J E. Consumer perceptions of interpersonal equity and satisfaction in transactions: A field survey approach [J] . The Journal of Marketing, 1989. 53 (2): 21 -35.

[138] Oliver Russell S, Richard L. A framework for the formation and structure of consumer expectations: Review and propositions [J] . Journal of Economic Psychology, 1987, 8 (4): 469 -499.

[139] Olson J M, Cal A V. Source credibility, attitudes, and the recall of past behaviours [J] . European Journal of Social Psychology, 1984, 14 (2): 203 -210.

[140] Patterson B. Crisis impact on reputation management [J] . Public Relations Journal, 1993, 49 (11): 46 -47.

[141] Pearson C M, Clair J A. Reframing crisis management [J] . Academy of Management Review, 1998, 23 (1): 59 -76.

[142] Peterson R A, Wilson W R. Measuring customer satisfaction: Fact and artifact [J]. Journal of the Academy of Marketing Science, 1992, 20 (1): 61-71.

[143] Petty R E, Cacioppo J T. Forewarning, cognitive responding, and resistance to persuasion [J]. Journal of Personality and Social Psychology, 1977, 35 (9): 645-655.

[144] Pruitt S W, Peterson D R. Security price reactions around product recall announcements [J]. Financial Review, 1986, 9 (2): 113-122.

[145] Pullig C, Netemeyer R G, Biswas A. Attitude basis, certainty, and challenge alignment: A case of negative brand publicity [J]. Journal of the Academy of Marketing Science, 2006, 34 (4): 528-542.

[146] Raghubir P, Corfman K. When do price promotions affect pretrial brand evaluations? [J]. Journal of Marketing Research, 1999: 211-222.

[147] Ranaweera C, Prabhu J. On the relative importance of customer satisfaction and trust as determinants of customer retention and positive word of mouth [J]. Journal of Targeting, Measurement and Analysis for Marketing, 2003, 12 (1): 82-90.

[148] Riordan C A, Marlin N A, Kellogg R T. The effectiveness of accounts following transgression [J]. Social Psychology Quarterly, 1983, 46 (3): 213-219.

[149] Schneider B, Bowen D E. Understanding consumer delight and outrage [J]. Sloan Management Review, 1999, 41 (1): 35-45.

[150] Sigal J, Hsu L, Foodim S, *et al.* Factors affecting perceptions of political candidates accused of sexual and financial misconduct [J]. Political Psychology, 1988, 9 (2): 273-280.

[151] Simon C J, Sullivan M W. The measurement and determinants of brand equity: a financial approach [J]. Marketing Science, 1993, 12 (1): 28-52.

[152] Siomkos G, Shrivastava P. Responding to product liability crises [J]. Long Range Planning, 1993, 26 (5): 72-79.

[153] Siomkos G J. On achieving exoneration after a product safety industrial crisis [J] . Journal of Business & Industrial Marketing, 1999, 14 (1): 17 -29.

[154] Siomkos G J, Kurzbard G. The hidden crisis in product - harm crisis management [J] . European Journal of Marketing, 1994, 28 (2): 30 -41.

[155] Siomkos G J, Malliaris P G. Consumer response to company communications during a product harm crisis [J] . Journal of Applied Business Research, 1992, 8 (Fall): 59 -59.

[156] Smith A K, Bolton R N, Wagner J. A model of customer satisfaction with service encounters involving failure and recovery [J] . Journal of Marketing Research, 1999, 36 (3): 356 -372.

[157] Smith J W. Beyond Anecdotes: Toward a systematic model of the value of marketing research [J] . Journal of Marketing Research, 1991, 3 (1): 3 - 14.

[158] Smith L. Media strategies in product liability crises [J] . American Business Review, 2003, 22 (9): 6 - 11.

[159] Smith R E. Integrating information from advertising and trial: Processes and effects on consumer response to product information [J] . Journal of Marketing Research, 1993, 30 (2): 204 -219.

[160] Stobart P. Alternative methods of brand valuation [J] . Brand Valuation, Business Press, London, 1991.

[161] Stone R N, Granhaug K. Perceived risk: Further considerations for the marketing discipline [J] . European Journal of Marketing, 1993, 27 (3): 39 -50.

[162] Tauber E M. Brand leverage: strategy for growth in a cost - control world [J] . Journal of Advertising Research, 1988, 28 (4): 26 -30.

[163] Tax S S, Brown S W, Chandrashekaran M. Customer evaluations of service complaint experiences: Implications for relationship marketing [J] . The Journal of Marketing, 1998, 62 (2): 60 -76.

[164] Thaler R. Mental accounting and consumer choice [J] . Marketing Science, 1985, 4 (3): 199 -214.

[165] Thaler R H. Mental accounting matters [J]. Journal of Behavioral Decision Making, 1999, 12 (3): 183 - 206.

[166] Thibaut J, Walker L. Procedural justice: A psychological analysis [M]. NJ: Lawrence Erlbaum Associates Hillsdale, 1975.

[167] Thorndike E L. A constant error in psychological ratings. [J]. Journal of applied psychology, 1920, 4 (1): 25 - 29.

[168] Vassilikopoulou A, Siomkos G, Chatzipanagiotou K, *et al.* Product - harm crisis management: Time heals all wounds? [J]. Journal of Retailing and Consumer Services, 2009, 16 (3): 174 - 180.

[169] Walster E H, Hatfield E, Walster G W, *et al.* Equity: Theory and research [M]. Boston: Allyn & Bacon, 1978.

[170] Ware B L, Linkugel W A. They spoke in defense of themselves: On the generic criticism of apologia [J]. Quarterly Journal of Speech, 1973, 59 (3): 273 - 283.

[171] Weiner B. An attributional theory of achievement motivation and emotion. [J]. Psychological review, 1985, 92 (4): 548 - 573.

[172] Wright P. The harassed decision maker: Time pressures, distractions, and the use of evidence. [J]. Journal of Applied Psychology, 1974, 59 (5): 555 - 561.

[173] Xie Y, Peng S. How to repair customer trust after negative publicity: The roles of competence, integrity, benevolence, and forgiveness [J]. Psychology and Marketing, 2009, 26 (7): 572 - 589.

[174] Yoo B, Donthu N. Developing and validating a multidimensional consumer - based brand equity scale [J]. Journal of Business Research, 2001, 52 (1): 1 - 14.

[175] Yoo B, Donthu N, Lee S. An examination of selected marketing mix elements and brand equity [J]. Journal of the Academy of Marketing Science, 2000, 28 (2): 195.

[176] Yousafzai S Y, Pallister J G, Foxall G R. Strategies for building and communicating trust in electronic banking: A field experiment [J]. Psychology and Marketing, 2005, 22 (2): 181 - 201.

[177] 仓平．营销策略组合对品牌权益的影响机理研究——基于休闲运动服饰品牌的实证［D］．上海交通大学，2007.

[178] 曾旺明，李蔚．产品伤害事件对消费者品牌忠诚度的影响机制研究［J］．中国流通经济，2008（007）：63－66.

[179] 崔金欢，符国群．产品危害事件对品牌资产变动的影响［J］．南开管理评论，2002，5（005）：17－22.

[180] 丁家永．品牌资产的构成与增值［J］．商业时代，2006（27）：29－30.

[181] 范秀成．品牌权益及其测评体系分析［J］．南开管理评论，2000，3（1）：9－15.

[182] 方正．产品伤害危机的概念，分类与应对方式研究［J］．生产力研究，2007（004）：63－65.

[183] 方正．产品伤害危机应对方式对顾客感知危险的影响——基于中国消费者的实证研究［J］．经济体制改革，2007（3）：173－176.

[184] 方正．可辩解型产品伤害危机对顾客购买意愿的影响研究［D］．四川大学，2007.

[185] 方正．论不同消费群体对产品伤害危机的感知危险差异——基于中国消费者的实证研究［J］．社会科学家，2006（5）：159－162.

[186] 方正，李蔚，李珊．产品伤害危机中顾客年龄与其购买意愿的差异性研究［J］．生产力研究，2007（16）：64－66.

[187] 何佳讯．基于顾客的品牌资产测量研究进展——量表开发，效度验证与跨文化方法［J］．商业经济与管理，2006（004）：53－58.

[188] 黄昌富．品牌竞争：买方市场条件下的系统竞争［J］．中国流通经济，1999，3：18－20.

[189] 江明华，董伟民．价格促销的折扣量影响品牌资产的实证研究［J］．北京大学学报：哲学社会科学版，2003，40（5）：48－56.

[190] 金立印．基于关键事件法的服务失败原因及补救战略效果定性分析［J］．管理科学，2005，18（004）：63－70.

[191] 科特勒·菲利普．营销管理—分析、计划、执行和控制［M］．上海人民出版社，2000.

[192] 李国峰，邹鹏，陈涛．产品伤害危机管理对品牌声誉与品牌忠诚关系的影响研究［J］．中国软科学，2008，1.

[193] 刘接忠．产品伤害危机处理过程消费者信任对品牌资产影响的实证分析［J］．价值工程，2009，28（8）：129－132.

[194] 陆娟，张东晗．消费者品牌忠诚影响因素实证分析［J］．财贸研究，2004（6）：39－46.

[195] 马尔霍特拉．市场营销研究：应用导向［M］．北京：电子工业出版社，2002.

[196] 汪秀英．品牌资产与品牌价值的动力源泉——基于消费者视角的分析［J］．中国流通经济，2008（8）：63－65.

[197] 王晓玉，晁钢令．产品危机中口碑方向对消费者态度的影响［J］．营销科学学报，2008，4（4）：1－12.

[198] 王晓玉，晁钢令．企业营销负面曝光事件研究述评［J］．外国经济与管理，2009，31（2）：33－39.

[199] 王晓玉，晁钢令，吴纪元．产品伤害危机及其处理过程对消费者考虑集的影响［J］．管理世界，2006（5）：86－95.

[200] 卫海英，王贵明．品牌资产构成的关键因素及其类型探讨［J］．预测，2003，22（003）：39－42.

[201] 吴峰．顾客忠诚在产品伤害及补救条件下对认知价值的影响［J］．统计与决策，2008（7）：81－83.

[202] 吴旭明．消费者个体差异对品牌资产的影响研究——基于可辩解型产品伤害危机［J］．中国流通经济，2008（10）：55－58.

[203] 吴旭明，方正，李蔚等．可辩解型产品伤害危机中消费者个体差异对品牌资产的影响研究［C］．JMS

[204] 于春玲，赵平，王海忠．基于顾客的品牌资产模型实证分析及营销借鉴［J］．中国高等学校学术文摘·工商管理研究，2008，2（4）．

[205] 袁登华．品牌建设的心理机制及营销策略［J］．心理学探新，2000，20（2）：59.